깜비네는
어떻게 두 아들을
인서울 의대에
보냈을까?

멘토형 엄마의 대치동 식탁

깜비네는 어떻게 두 아들을 인서울 의대에 보냈을까?

초판 인쇄 2023년 12월 15일
초판 발행 2023년 12월 22일

지은이 깜비네
펴낸이 유해룡
펴낸곳 (주)스마트북스
출판등록 2010년 3월 5일 | 제2021-000149호
주소 서울시 영등포구 영등포로5길 19, 동아프라임밸리 1007호
편집전화 02)337-7800 | **영업전화** 02)337-7810 | **팩스** 02)337-7811
원고투고 www.smartbooks21.com/about/publication
홈페이지 www.smartbooks21.com

ISBN 979-11-90238-99-1 03370

• 멘토형 엄마의 대치동 식탁 •

깜비네는 어떻게 두 아들을 인서울 의대에 보냈을까?

깜비네 지음

스마트북스

아이들의 숨겨진 재능 20~30% 더 키우기

우리 가족은 대치동에서도 나름 성공한 집으로 통한다. 두 아들이 의대, 그것도 이른바 인서울 의대에 합격했으니, 교육 1번지라고 하는 대치동에서도 아들 둘을 의대에 보낸 집은 흔치 않기 때문이다.

사실 우리 아이들은 강남에서 태어나 유치원 때부터 대치동에서 자란 '대치 키즈'가 아니다. 얼떨결에 대치동 생활을 늦게 시작한 그저 평범한 아이들이었다. 그래서 대치동은 물론이고, 다른 지역에 사는 많은 분들이 알음알음으로 '평범한 아이 둘 의대 보내기' 식의 성공담을 물어온다. 마치 '이것만 잘 지키면 의대에 합격할 수 있는 대단한 비법'이라도 가지고 있다고 믿는 듯이, 나의 말 한마디 한마디를 놓치지 않으려고 한다.

그러던 어느 날 남편이 "책을 한번 써보면 어떻겠냐?"는 이야기를 했다. 전혀 생각지도 못했던 일이었다. 나는 교육 전문가가 아니기 때문에 체계적인 학습법을 쓰는 것은 적절치 못하다고 생각했다. 오히려 우리 가족의 이야기를 써서 두 아들에게 전해주고 싶은 마음이 더 컸다. 아이들은 이런 내 생각을 응원해 줬다. 그래서 '우리 가족이 지난 20여 년 동안 어떻게 소중한 것들을 하나씩 채우고 만들어 나갔지?'라는 것을 정리해 보기로 했다.

지금 전국이 의대 열풍이라는 우려의 목소리가 크다. 그 안에는 지나친 사교육과 부모의 바람도 있다고 한다. 그래서 더더욱 이 책에서 '우리 가족의 이야기는 다름'을 담고 싶다. 성공담이나 극복기가 아닌, 나와 동시대를 살고 있는 부모님들이 이 책을 읽으면서 **"이 생각과 방법은 제법 특별하네.", "음, 이 방법은 나도 해볼 수 있겠는데."** 정도로 느낄 수 있도록 쓰려고 했다.

대치동의 이방인이었던 우리 가족에게 대치동이란?

대치동이라는 말 자체가 갖는 판타지가 있다. 드라마에서 만든 극적인 설정이 이를 더 키우긴 했지만, 대치동이 특별한 동네라는 데는 나도 이견이 없다. 우리 가족의 대치동도 그랬기 때문이다.

이 책을 쓰려고 마음을 먹었을 때, 가족이 함께 모여 '우리 가족에게 대치동이란?'을 어떻게 정의하면 좋을지 제법 진지한 회의를 했다. 서너 시간의 논의 끝에 마침내 '파인 다이닝(Fine Dining)'이란 멋진 단어를 찾아냈다. 신기하게도, 우리의 소중했던 시간을 근사한 레스토랑을 다녀온 것으로 정리해 보니 제법 맞아떨어졌다.

우리 가족은 '맛집 찾기'에 항상 진심이다. 여행을 가면 한 시간을 기다려서라도 기어이 그곳의 맛집에서 식사를 하고 돌아온다. 설렘과 감동, 그리고 공통의 추억이 만들어지기 때문이다. 대치동이란 곳도 우리 가족이 함께 찾아내서 가고 싶었던 바로 그 미지의 맛집이었다.

함께 꿈을 만들고 이뤄갔던 파인 다이닝

애피타이저 1: 초등생 맘이었던 내가 지금의 초등생 맘에게

기대를 안고 들어간 대치동이란 '파인 다이닝'의 처음은 무척 낯설었다. 메뉴 선택부터 난제였다. 다른 테이블의 손님들은 자연스럽게 메뉴를 선택하는 것 같은데, 나는 셰프의 추천조차 미덥지 않았다. 우선 손품(실제는 발품)을 팔아서 아이들에 맞는 애피타이저를 선택했다. 처음 접해보는 음식들이라 나머지 메뉴는 이후에 각 단계별로 정하기로 했다. 이것이 우리 가족의 대치동 첫해 모습이었다. "휩쓸리지 말고 우리에게 맞는 방식으로 자리매김을 하자."가 이때의 다짐이었다.

애피타이저 2: 중학생 맘이었던 내가 지금의 중학생 맘에게

첫 메뉴를 먹고 나니, 드디어 우리도 다른 손님과 별반 다르지 않다는 생각이 들기 시작했고, 두 번째 애피타이저를 자신 있게 선택할 수 있게 되었다. 두 아들의 중학교 생활이 이러했다. 자신을 믿고 부족한 부분을 하나씩 채워가거나, 남들보다 더 많은 노력을 통해 좀더 나아가는 시간이었다. 누군가가 물어보면 나는 항상 '중학교 기간이 무엇보다 중요하다.'라고 말한다. 사춘기를 잘 보내야 하고, 공부와 생활습관을 제대로 만드는 시기이기 때문이다.

메인 메뉴: 고등생 맘이었던 내가 지금의 고등생 맘에게

두 번의 애피타이저를 잘 먹고 나니 오히려 메인 메뉴의 선택은 수월하고 빨랐다. 각자 원하는 종류의 요리와 고기의 익힘 정도를 주도적으로 선택했고, 음식이 나오자 자신만의 방식으로 익숙하게 먹기 시작했다. 두 아이의 고등학교 생활이 딱 이러했다. 옆을 돌아보지 않고 각자의 목표를 위해 최선을 다했고 그 안에서 크고 작은 성취를 이뤘다.

스페셜 메뉴: N수생 생활

그리고 디저트로 가기 전, 첫째는 한 번의 특별한 메뉴를 더 먹었다. 매우 신중한 선택이었기 때문에 메인 메뉴를 먹을 때보다 더 많은 노력을 했고, 결국 추가 도전을 통해 원하는 맛(결과)을 이뤄냈다.

커피와 디저트

커피와 디저트는 전체 식사를 되돌아보는 역시 중요한 메뉴이다. 조금은 여유를 가지고 지난 대치동 생활을 각자의 방식으로 해석하고 정리하는 시간을 가졌다.

우리 가족은 모든 선택의 단계에 항상 신중했다. 그래서 모든 요리와 맛이 생생하게 각자의 기억에 남아 있다. 결국 대치동의 이방인이었던 우리는 이 낯설고 쉽지 않았던 레스토랑(동네)에서 제법 근사하게 식사를 했고, 그 마무리도 나름 예쁘게 맺었다. 대치동 파인 다이닝의 경험을 살려, 이 책을 통해 어떻게 하면 메뉴를 잘 선택하고 맛있게 먹을 수 있는지를 소개할 수도 있게 되었으니 말이다.

대치동은 그리 큰 동네가 아니다. 유명한 학원가 또한 겨우 2킬로미터에 불과한 거리의 도로를 두고 양옆으로 펼쳐져 있다. 이 조그만 공간에서 대치동 키즈는 물론이고, 여러 지역의 아이들이 꿈을 키우고 이루어가고 있다. 우리 가족이 그랬던 것처럼.

대치동에서의 성공은 과연 무엇일까? 공부를 잘해서 좋은 대학에 가면 성공한 걸까? 그 기준에서 본다면, 다른 지역과는 비교도 할 수 없는 수많은 성공 스토리가 있다. 하지만 나는 대치동에서 성공기보다 훨씬 더 중요한 꿈을 만들어가는 과정을 많이 봤다.

우리 가족의 대치동도 그래서 소중하다. 견딜 만한 어려움이 있었고, 때로는 참기 힘든 과정도 있었다. 하지만 그것들을 하나씩 잘 헤쳐나온 것 같다.

나의 식탁… 요리는 소중한 엄마의 언어

우리 가족에게 가장 중요한 공통 언어를 말하라면 단연 '요리'다. 그리고 그 언어는 우리집 '식탁'에서 항상 빛을 발했다.

식탁은 그 장소가 주는 힘이 있다. 특히 우리는 식탁을 다양한 방법으로 잘 활용하고 있다. 공부에 대한 고민과 각자에게 맞는 공부법을 서로 의논하고, 국어와 영어 독해력을 키운 곳, 토론과 지식의 배틀 장소, 휴식하는 카페, 독서의 장소이기도 하고, 축하의 파티 테이블이자 아이들과 함께 요리하는 곳이 되기도 했다. 그리고 이 식탁에는 항상 내가 만든 요리가 있다.

아이들이 일과를 마치고 집에 들어오면, "오늘 학교와 학원에서 뭘 공부했니?"가 아니라 "오늘 엄마가 만든 쿠키(혹은 다른 간식) 먹어봐."로 대화를 시작했다. 그리고 아이들이 편하게 앉아서 먹을 수 있도록 시간을 주었다. 간혹 내가 없는 시간에 아이들이 집에 오게 되면 간식과 함께 간단한 메시지를 남긴다. 이것은 내가 가족에게 전하는 사랑의 방식이다. 나는 '요리에 정성이 담기면 사랑이 되고, 먹는 사람들은 그걸 느낀다.'고 믿는다.

아이들이 크는 과정에서 가족의 대화가 쉽지 않은 순간들을 맞닥뜨릴 때가 자주 생긴다. 그때는 억지스러운 충고나 훈육을 하는 것보다 간단하더라도 엄마가 만든 요리를 내놓으면 의외로 술술 풀릴 때가 많다.

그것이 바로 '식탁'과 '요리'가 주는 마력이다.

이 책에서 아이들에게 해준 요리의 간단한 레시피 몇 가지를 소개했다. 대부분 15~30분 정도의 시간만 투자하면 만들 수 있는 간단한 것들이다. "자녀교육 책에서 웬 요리냐?"고 생각하시는 분들도 있을 수 있지만, 나의 생각은 다르다. 아이들을 학습으로 잘 이끌려면 자녀와의 관계 형성이 매우 중요하다. 이때 간단한 간식이나 요리가 학습지도나 잔소리보다 훨씬 효과적이다. 누구나 쉽게 할 수 있는 레시피를 소개했으니 독자분들도 해보시면 좋을 것 같다.

육아와 교육 철학을 물어본다면

두 아이들을 키울 때 가장 중요하게 생각하는 것이 무엇이었냐고 물어본다면, 줄곧 "인성이 좋은 사람이 되면 좋겠다."였다.

그러다 보니 어릴 때 공부만큼 예체능과 여행을 중요하게 생각했다. 공부는 집중해야 할 때 힘을 발휘하면 되는 것이지만, 교양과 인성은 긴 시간을 두고 만들어지는 것이라 믿었기 때문이다. 그래서 첫째 아이가 20여 년째 즐기는 피아노와 둘째 아이가 고등학교 때부터 진심으로 사랑하는 연극은 각자 인생에 큰 자산과 밑바탕이 될 거라고 믿는다.

남편은 아이들에게 '자신이 하는 일에 자부심을 느끼는 사람이 되면 좋겠다.'라고 항상 이야기한다. 그러니 남편은 아이들이 목표를 잘 세우고 모든 일에 진심이며 정직하게 해나가길 기대한다.

우리 부부의 아이들에 대한 기대감이 이러니, 누군가 독자분들에게 전하고 싶은 단 하나의 육아법이 무엇이냐고 물어본다면 막막하다. 사실 처음부터 철저하게 계획을 세우고 그에 맞춰 아이들을 키운 것은 아니었기 때문이다.

그러니 지난 시간을 관통하는 '단 하나의 키워드'도 있을 수 없다. 그럼에도 불구하고, 이 책을 쓰면서는 지난 시간을 돌이켜보며 중요한 그 무언가를 찾아보려고 노력했다. 그리고 다음과 같은 몇 문장으로 정리해 보았다. 이 모두를 내가 잘해 왔느냐고 묻는다면, 그랬다고 결코 말할 수 없을 것 같다. 다만, '이런 마음을 먹고 노력했다.'라는 것이 더 적절한 답변이 될 것 같다.

- 스스로 계획과 실천을 하게 두자. 목표 설정과 성공의 정의를 부모가 하는 것은 좋지 않다고 본다. 그것이 작든 크든 마찬가지다. 아이가 자기주도적으로 치고 나갈 수 있도록 부모는 뒤에 서주는 것이 좋다.
- '하면 할 수 있다'는 용기를 갖게 한다. 아이에게 사소한 일로 실망하지 않고, 더구나 그 실망을 표현하지 않는 것이 매우 중요하다. 작은 성과를 냈을 때 칭찬하고 기뻐해 주면, 아이들은 그다음 단계로 나아가는 힘을 다시 낸다.

- **버티는 힘을 만들어 준다.** 공부를 지속적으로 잘하는 아이가 되기는 정말이지 쉽지 않다. 초/중/고 긴 여정을 일정한 힘으로 버티는 것은 어렵기 때문이다. 그래서 운동과 취미활동은 매우 중요하다. 쉬어야 할 때 즐겁게 할 수 있는 것이 있어야, 힘을 내야 할 때 제대로 집중할 수 있다.
- **부모는 조력자가 되어야 한다.** 아이들이 자라면서 부모의 도움을 필요로 할 때가 있다. 앞서서 성급하게 이끌려 하지 말고, 힘들 때 거들어주고 필요할 때 도와주는 서포터가 되는 것이 좋다.

자녀교육은 팀플레이… 우리 가족의 게임 방식

스포츠 팀에는 각자의 역할이 있다. 야구에 비유하자면, 우리 아이들은 투수이자 타자였고, 나는 팀 닥터이자 코치였다. 아빠는 구단주 정도라고 할 수 있을까?, 필요할 때 나타나서 지원을 하는 역할을 맡았다.

절대적인 실력을 가지고 있는 선수라면 팀의 영향을 적게 받는다고 할 수도 있겠지만, 그렇지 않다면 팀의 역할, 정확하게는 팀플레이가 선수에게 매우 중요하다. 선수들이 열심히 땡볕에서 뛰는데, 코치와 구단주가 멀리서 지적만 하는 팀은 결코 최고의 성과를 낼 수 없다.

돌이켜보면, 우리 가족은 여러 단계에서 같이 호흡하고 뛰고 있었다. 고맙게도 아이들은 각자의 포지션에서 플레이를 잘 해줬다. 타율과

방어율을 알아서 잘 챙겨줬고, 경기가 잘 풀리지 않을 때는 나와 남편에게 필요한 도움을 적절한 타이밍에 요청해 줬다. 남편은 아이들과 여행을 하거나 함께 공부하는 방법을 통해 구단주를 넘어 든든한 구원 투수 역할을 딱 필요한 만큼 잘해주었다.

나는 코치로서 발품을 팔아 최대한 많은 정보를 찾고 분류 및 분석을 해서, 아이들이 좀더 효과적으로 경기를 풀어나갈 수 있도록 했다. 그리고 건강하고 안전하게 경기를 할 수 있도록 팀 닥터인 '식의사(食醫士)' 역할을 충실히 했다.

팀플레이는 여러 방면에서 그 빛을 발한다. 특히 자잘한 실패를 이기고 그다음 단계로 나아갈 때는 결정적인 역할을 하기도 한다. 우리 가족의 팀플레이가 그랬던 것 같다. 매번 아이들이 넘겨야 하는 고비의 순간에 그 이전에 했던 팀플레이의 노하우는 잘 응용되었고, 그 순간을 딛고 새로운 도전을 할 때는 더 정교한 팀워크를 발휘했다.

우리의 팀 슬로건을 굳이 말한다면, '게임의 방식을 정확하게 이해하고, 모든 팀원이 같이 뛴다.' 정도라고 할 수 있겠다.

시크릿 학습 레시피와 나의 요리

이 책에는 '시크릿 학습 레시피'와 '나의 요리'라는 두 개의 레시피가 있다. 이 둘은 말 그대로 내가 전달하고 싶은 노하우이다.

하지만 사실 정말 하고 싶은 진짜 이야기는 본문에 들어 있다. 거기에는 아이들이 자라는 과정에서 만들어진 스토리와 가족의 히스토리가 고스란히 담겨 있다. 다소 일기 같은 시간적 구성으로 썼지만, 소제목 하나를 정할 때도 수많은 고민을 했고, 그 안에서 우리 가족 이야기를 과하지도 않고 덜하지도 않게 표현하려 노력했다.

각 장의 분류처럼 내가 초등생 맘이었을 때 겪었던 일(혹은 하지 못해 아쉬웠던 일)을 지금의 초등생 맘에게 알려주고 싶었고, 내가 중학생 맘이었을 때의 이야기를 지금의 중학생 맘에게 제대로 전하고 싶었다. 비록 지금의 내 아이들과는 시간 차이가 있지만, 필요한 내용의 간극이 크지는 않을 것 같다. 왜냐하면 결국 가족의 이야기이기 때문이다.

나와 남편 그리고 두 아들의 시간은 여전히 진행형으로 흘러가고 있다. 그래서 이 책의 어떠한 것도 성공의 비법이 아니다. 독자들이 참고하기 좋을 만한, 독자들에게 공유하고 싶은 '육아와 교육방법, 그리고 가족 이야기' 정도가 딱 적당할 듯싶다.

그래서 이 책의 개별 스토리에 집중하기보다는, 가볍게 자신에게 도움이 될 만한 '할 수 있었는데, 미처 하지 않았던 것' 중심으로 참고해서 보면 좋겠다.

이 책을 통해 가장 먼저 감사의 마음을 전할 대상을 정하라면 주저

없이 두 아들이다. 그다음으로 항상 바쁜 와중에도 아이들이 필요할 때 슈퍼맨처럼 나타나서 도와주는 친구 같은 아빠이자, 이 책의 교정과 편집을 도와준 남편에게 감사의 마음을 전한다.

그리고 우리 가족의 멘토이자 스승이며, 팔순이 훌쩍 넘은 연세에도 불구하고 이 책의 교정을 한 글자 한 글자 정성껏 봐주신 아버지께 감사드린다. 사랑하는 모든 가족과 친척, 소중한 지인들, 대치동 학원에서 만난 나의 또 다른 아이들, 이 모든 분들께 진심으로 감사의 마음을 전한다.

2023년 12월

깜비네 엄마

차례

2장 [애피타이저 1] 초등생 맘이었던 내가 지금의 초등생 맘에게

1장

깜비네 이야기

왜 깜비네 이야기인가?

우리 가족의 단톡방 이름은 '깜비네'이다. '깜비네'라는 말에는 우리의 추억이 담겨 있다.

둘째가 고등학교 3학년이던 봄날, 베란다의 에어컨 실외기 뒤에 웬일인지 나뭇가지들이 잔뜩 쌓여 있기에 치우려는데, 비둘기 한 마리가 자리를 틀고 앉아 있었다. 베란다에 웬 비둘기인가 싶어서 접근해도 꼼짝을 하지 않았다. 왜 그러나 싶어서 살펴보다가 깜짝 놀랐다. 비둘기가 알 하나를 품고 있었다. 알을 보호하느라 그 자리를 지키고 있었던 것이다.

그날부터 아이들과 남편은 매일 아침저녁으로 조심스레 비둘기 가족을 살펴보는 게 일상이 되었다. 비둘기 두 마리(아마도 엄마 아빠)가 이 한 개의 알을 안전하게 부화하기 위해 24시간을 번갈아가며 지키고 있었다. 새에게도 이렇듯 절절한 부모의 마음이 있는지를 그때 처음 알게 되었다.

그리고 어느 날 기적처럼 우리집 베란다에서 알을 깨고 비둘기 새끼가 태어났다. 털도 제대로 갖추지 못하고 비틀거렸지만 너무나 예뻤다. 남편과 아이들이 비둘기 가족을 살펴보는 횟수가 점점 늘어났다. 신기하게도 태어날 때 노란 털과 검은 털이 섞여 있던 아기 비둘기는 자라면서는 털 색깔이 온통 먹물처럼 새까맣게 변했다. 그래서 우리는 이 새 생명을 '깜비(까만 비둘기)'라고 부르기로 했다.

깜비의 엄마 아빠는 이후에도 번갈아가며 새끼를 지키고 먹이를 가져다주는 일을 게을리하지 않았고, 깜비가 제법 자라자 나는 방법을 가르치기 시작했다. 처음에는 깜비가 아주 조금 날아갔다가 되돌아오게 하기를 반복하더니 점점 비행 거리를 늘리기 시작했다. 이런 체계적인 새끼 학습법에 다시 한 번 놀랐다. 그리고 깜비가 몇 주 동안의 연습을 통해 제법 먼 거리를 날 수 있게 된 어느 날, 비둘기 가족은 우리 가족을 떠났다. 깜비는 적지 않은 즐거움과 행복을 줬고 가족의 소중함 또한 크게 느끼게 해주었다.

그해 두 아들이 동시에 원하는 대학의 의과 대학에 합격했다. 혹시 깜비가 우리집에 들어온 흥부네 박씨는 아니었을까 하는 이야기를 한 적이 있다.

지금은 사진으로밖에 볼 수 없는 우리집 복덩이 깜비, 나는 길을 가다가 날씬한 까만색 비둘기만 보면 혹시 깜비가 아닐까 생각하곤 한다.

이 책은 비둘기 깜비네 가족과 비슷한 우리 가족의 이야기를 담고 있다. 깜비처럼 한 단계씩 배우고 극복해 나가면서 각자의 목표에 다가갔던 아이들과 함께한 성장의 이야기를 담았다. 그래서 이 책의 작가는 내가 아니라 깜비 가족, 즉 깜비네여야만 했다.

아이에게 맞는 교육법이 필요하다

글을 쓰기로 마음먹고 쓰다가 중단하기를 몇 차례, 우리 가족이 지나온 긴 시간을 한 권의 책에 담는 것은 꽤 큰 용기가 필요한 일이었다. 너무 과하지 않고, 그렇다고 부족하지도 않게 지난 이야기를 담담하게 담아내고 싶었다. 그리고 자녀교육에 관심이 있는 이 시대의 부모님들에게 조그마한 울림이 되면 좋겠다는 바람도 있었다.

아이들을 키우다가 방향을 잘 잡기 어려운 상황을 만나면, 나는 자주 '머릿속에 든 지식은 아무도 빼앗아 갈 수 없다.'는 생각을 하곤 했다. 재산은 아무리 많이 물려줘도 지킬 능력을 갖고 있지 않으면 한순간에 신기루처럼 사라지니 말이다. 그래서 우선순위를 항상 아이들 교육, 그리고 여행 같은 소중한 경험을 갖는 데 두었다. 모든 것은 해야 할 때가 반드시 있다고 믿었기 때문이었다.

공부라는 긴 여정을 슬기롭게 이겨나가는 것은 결국 아이의 몫이라는 것을 수 없이 되뇌었다. 그래서 항상 아이들 스스로 자신의 목표와 공부방법을 결정하게끔 분위기를 만들었다. 누구에게나 공평하게 주어지는 '시간'이라는 자산을 어떤 순간에도 스스로 잘 활용하기를 바라는 마음으로 말이다.

자녀를 키우는 과정은 요리를 하는 과정과 아주 많이 닮아 있다. 요리는 같은 재료를 쓰더라도 요리 방법과 조리 시간 혹은 불의 사용에 따라서 맛과 모양이 많이 달라진다.

우리집 두 아이들은 타고난 기질과 장점이 달랐기에 같은 방식으로 키울 수는 없었다. 최대한 아이를 객관적으로 보려고 했고, 매 순간마다 각각에 맞는 교육과 육아 방법을 찾기 위해 끊임없이 노력했다.

하지만 성과가 나타나는 속도와 시기는 아이에 따라 분명히 달랐다. 그래서 부모는 자식을 무한 신뢰해야 한다고 믿는다. 부모의 무조건적인 믿음과 사랑에 대해 아이들은 반드시 응답을 하기 때문이다.

지나고 보니, 나도 엄마로서 처음이라 부족했던 부분들이 너무 많았다. 아쉬운 일도 많았다. 하지만 다시 한 번 그 시절로 돌아간다고 한들 스스로 충분히 만족할 만한 시간으로 보낼 수 있을까? 솔직히 자신이 없다. 그만큼 우리 가족의 히스토리는 나 혼자 만든 것이 아니기 때문이다.

초등 예체능이 고등까지 간다

즐기면서 참고 버티는 힘 키우기

성격도 공부 스타일도 달랐던 두 아이

우리집 첫째 아들과 둘째 아들은 26개월 차이가 나는데, 한 아이가 1월생이라 나이로는 3세 차이가 난다. 둘은 성격이나 공부 스타일이 무척 달랐다.

첫째 아들은 어릴 때 유치원에 가면 친구들과 말을 잘 안 하고 그냥 얌전히 앉아 있어서 있는 듯 없는 듯한 아이였다. 내성적이며 차분하고 피아노와 악기를 좋아하는 착실한 유형이었다.

공부를 꼼꼼하게 하는 스타일이고, 아무리 학원 같은 데서 진도를 몰아쳐도 자신이 공부하는 나름의 속도가 있었다. 그래서 뭘 하나 익히는 데 시간이 많이 걸렸지만, 대신 워낙 꼼꼼하게 공부하기에 한 번 본 것은 잘 잊어버리지 않았다. 뒤에서 좀더 자세히 얘기하겠지만, 메모 습관이 있는 아이였다.

그리고 국어나 영어보다 수학을 잘했다. 첫째와 함께 국어 문해력과 영어 독해력을 키운 방법은 뒤에서 소개하겠다. 재수를 하여 서울에 있는 대학의 공대에 입학했다가 다시 수능을 쳐서 정시로 인서울 의대에 진학했다.

둘째 아들은 어릴 때 유치원을 가보면, 선생님이 질문을 하면 알든 모르든 항상 손을 들고 대답을 하는 아이였다. 어릴 때부터 키가 또래에 비해 컸고 말도 잘하고 운동도 잘하고 활달해서 친구도 많았다. 언어적 재능이 좀 있어서 영어와 국어는 자신 있어 했고, 그에 비해 수학을 어려워 했다.

시험공부를 할 때 보면 일단 진도를 끝까지 한 번 후루룩 빨리 봤다. 굉장히 빨리빨리 보는 스타일이었고 여러 번 반복했다. 형은 꼼꼼하게 한 번 내지 두 번을 보고 시험을 보러 가면, 둘째는 시험 범위를 네댓 번을 보고 가곤 했다. 또한 뒤에서 자세히 이야기하겠지만, '말하는 공부 습관'을 가지고 있고, 책상을 다섯 개나 가지고 이리저리 옮겨다니며 공부하기도 했다. 고등학교 3학년 때 수시로 인서울 의대 네 곳에 합격했다.

중고등을 버티는 힘은 초등 때부터 형성된다

우리 아이들이 "머리가 엄청 좋은가 봐요."라고 말씀하시는 분들이 있다. 지능지수는 둘다 특출나지는 않았고 평범한 편이었다. 뒤에서 차근차근 얘기하겠지만, 노력을 해서 극복한 부분들이 많았던 것 같다.

돌이켜보면 초/중/고, 그리고 대학생이 된 지금까지 아이들이 성장해가는 데 버티는 힘이 중요한 역할을 했다는 생각이 든다. 대입까지 치러본 부모님들이 이구동성 말씀하시듯이, **공부에서 참고 버티는 힘은 생각보다 훨씬 중요하다.** 그리고 그 참고 버티는 힘이 어릴 때부터 꾸준히 오래 해 온 예체능에서 나왔다는 생각이 든다.

중학교, 고등학교를 버티는 힘은 초등학교 때부터 형성된다. 사실 초등학교 때 하기 싫은 것도 좀 해봐야 한다.

아이가 뭔가를 하기 싫어할 때 "네가 하기 싫으면 하지 마!"라고 하기보다는 단체활동 등으로 버티는 힘을 키워 주어야 한다. 이는 단지 중고등학교 공부나 대입에서뿐만 아니라 아이가 인생을 살아가는 내내 큰 힘이 된다.

고등 1학년이 왜 태권도를 했을까?

초등학교 때 예체능, 즉 축구나 태권도, 수영을 하거나 피아노나 음악, 미술 등의 학원을 다니는 것은 단순히 실기를 배우는 것뿐만이 아니라 버티는 힘을 기르는 데도 큰 도움이 된다.

첫째가 초등학교에 들어가자 두 아이들이 태권도를 시작했다. 그곳에서 친구들을 만나서 놀고 태권도를 배우고 초등학교 과정에서 필요한 전반적인 체육활동도 했다.

물론 유아나 초등 저학년 때 운동을 시키는 집들이 많다. 태권도나 축구를 시키기도 하고 줄넘기나 발레, 수영을 하는 아이들도 있다. 하지만 대부분 이르면 초등 고학년, 늦어도 중학생이 되면 특별한 경우를 제외하고는 이전에 하던 운동을 정리하고 공부에만 올인하게 하는 경향이 있다.

하지만 우리 아이들은 중학생이 되어서도 계속 태권도를 수련했다. 밤 10시 학원 수업을 마친 후 체육관에 들러 운동으로 땀을 흘리고, 집에 와서는 샤워를 하고 자는 것으로 일과를 마쳤다. 물론 바쁜 날은 곧장 집으로 오기도 했지만, 가능한 체육관을 들러 운동을 하고 집으로 오곤 했다.

첫째는 고등학교 1학년 때, 둘째는 중학교 3학년 때 태권도 공인 4품을 땄다. 공인 4품을 따기가 무척 어려운데, 오랫동안 꾸준히 해서 품계를 딴 아이들이 대견했고 온 가족이 기뻐했다. 태권도 승급 심사를 통과하려면 지루한 훈련 과정을 거쳐야 하며 반복을 해야 하고 하기 싫은 것도 해야 한다. 이 과정에서 참고 견디는 능력이 길러지는 것이다.

특히 둘째는 운동을 정말 많이 했다. 고등 1학년 때도 매일 점심시간이나 시간이 날 때마다 운동장이나 체육관에서 축구와 농구를 하니,

다른 반 친구들이 “쟤는 맨날 운동만 하네.” 하며 공부를 그렇게 잘하는 줄 몰랐다고 한다. 지금도 운동을 굉장히 좋아한다.

나는 운동을 통해 아이들이 자신의 몸을 단련하고 인내심을 기르고 자신감을 향상시킬 수 있다고 믿는다. 이런 생각을 하게 된 데에는 친정 아버지의 영향이 컸다.

아버지는 항상 체력의 중요성을 강조하셨다. “아무리 머리가 좋아도 아프고 체력이 약하면 공부를 해낼 수 없다.” 체력이 뒷받침되어야 공부도 잘할 수 있으며, 그래야 두뇌와 체력이 시너지 효과를 낼 수 있다고 하셨다.

어릴 때 아버지는 『하버드대학의 공부벌레들』이라는 책에서 주인공들이 공부를 하다가 졸리면 농구를 하고, 그렇게 기분과 체력을 회복해서 밤을 새워 공부를 한다는 얘기를 들려주시곤 했다. 교육자이신 아버지는 늘 밤늦게까지 강의 준비를 하시고 새벽녘이 되어 잠드시곤 했으니 체력이 중요하다고 항상 느끼셨나 보다. 지금도 여든이 훌쩍 넘은 나이에 매일 테니스를 치신다. 아버지의 친구나 지인들은 아버지의 체력이 신기할 정도라고 한다.

긍정적 마음의 순환 과정이 중요하다

고등학생을 둔 부모님, 특히 이미 대입을 치른 부모님들이라면 ‘공부도 체력’이라는 말에 수긍하실 것이다. 그런데 운동은 단순히 아이들의 체력만 지켜주는 것이 아니다.

운동의 긍정적 역할 중 하나는 아이들의 성장 과정에서 긍정적인 마음의 순환 과정을 돕는다는 것이다.

우리 아이들이 중학생 때 태권도 도장에 다닌다고 하면 "체육대학을 보낼 것도 아닌 것 같은데 왜 계속 다니죠?"라고 하는 사람들이 있었다. 또한 "공부할 시간도 없는데, 언제 운동을 하러 다니나요?"라고 의아해 하는 사람들도 있었다.

사실 나도 그런 생각을 한 적이 있긴 하다. 하지만 결과적으로 봤을 때, 체육을 계속 해온 것이 고등학교에 올라가서 스트레스를 관리하고 공부에 스퍼트를 올릴 때 큰 도움이 되었다.

또한 아이들이 사춘기를 비교적 부드럽게 넘기는 데도 도움을 준다. 특히 아들이라면 운동은 힘든 공부 여정과 사춘기를 넘기는 가장 좋은 방법 중 하나이다.

우리집의 경우 운동이 생각보다 아이들의 시간을 많이 잡아먹지 않았다. 공부에는 시간관리가 매우 중요하다. 부모님이 아이와 의논하여 스케줄 표를 효율적으로 짜야 한다.

아이가 학원을 마치고 집에 오는 길에 태권도장이 있었기에 이동거리가 짧았다. 일부러 그렇게 스케줄을 짰다. 맨 마지막 타임이 밤 10시였는데, 중학교 때 학원을 밤 10시에 마치고 집에 오는 길에 할아버지 관장님과 태권도, 농구나 축구를 한 30분 정도 하며 땀을 쫙 빼곤 했다.

집에 오면 밤 10시 40분에서 11시쯤 되는데 씻고 바로 잤다(참고로 30분이 길지 않은 시간이지만, 운동을 하고나면 잠이 잘 오니 밤늦게까지 스마트폰을 보는 걸 막는 효과도 있다). 이처럼 집에 오는 길의 중간에 태권도나 체육을 하는 동선을 넣었기에 시간을 아주 많이 쓰지는 않았다. 운동선수를 할 것은 아니니 적당히 놀다 온다고 생각한 것이다.

남자아이들은 사춘기 때 이렇게 땀을 흘리며 힘을 빼는 것도 좋은 선택이다. 공부에 집중할 때는 집중하고, 쉴 때는 스마트폰이나 게임을 하는 것보다 운동으로 땀을 빼고 오는 것이 잠도 잘 오고, 시간관리 면에서도 효율적이며, 또 체력과 정신력도 길러지는 것 같다.

힘든 수험생활을 버티게 한 첫째의 피아노

첫째 아들은 초등학교 2학년 때부터 피아노를 배웠다. 우리 동네에서 학원을 처음 시작하신 피아노 선생님은 첫 제자라며 아이를 아끼고 잘 가르쳐 주셨다. 초등 3학년 때는 콩쿠르에 개인 자격으로 나가서 상을 받기도 했다.

하지만 누구에게나 고비는 있는 법, 첫째가 어느 날 갑자기 피아노 수업을 받지 않겠다고 했다. 무엇보다 좋아하고 열심이었는데 안 하겠다고 할 정도면 그럴 만한 이유가 있을 거라 생각했다. 그래서 "그래, 일단 좀 쉬어 보렴. 그동안 힘들었구나." 하고 달래 주었다. 그리고 며칠 동안 피아노 얘기를 입 밖에도 꺼내지 않았다.

예체능을 자녀에게 가르치다 보면 한 단계를 넘어가는 과정에서 슬럼프가 오게 된다. 정도의 차이가 있겠지만, 이럴 때 학원 선생님들은 자극을 준다는 차원에서 가볍게 야단을 치시기도 하고 핀잔을 주시기도 하는 것 같다. 나중에 보니 첫째도 그런 과정이 있었던 것이다. 이때 아이를 감싸고돌지 않고, 스스로 다시 흥미를 갖도록 충분한 시간을 주었던 것은 결과적으로 좋은 선택이었다는 생각이 든다.

첫째는 이후 충분히 마음이 정리가 되었는지 피아노를 다시 배우겠다고 했다. 그렇게 아무 일도 없었다는 듯이 다시 배우기 시작했다. 선생님이 애정과 열정으로 가르쳐 주신 덕분에 제법 규모가 큰 콩쿠르에서 좋은 상을 받기도 했으며, 지금까지도 가장 좋은 취미로 남아 있다.

초등학교 때 작은 콩쿠르라도 나가려면 놀고 싶은데 참는 과정이 따르게 마련이다. 연습과정에서 굉장히 반복을 많이 해야 되고, 지루할 수 있고, 또 틀리면 혼나야 되지만, 그것을 참고 견디면서 인내심이 생기게 된다. **결국은 엉덩이를 붙이고 앉아 있을 수 있는 힘이 길러진다.** 여기에 자기가 하고 싶은 목표나 열정이 생기고, 그것이 결합되면 시너지가 나온다.

피아노를 워낙 좋아하는 첫째이지만, 중학교 때 대치동으로 이사오고 나서 한동안 교과 공부로 바빠서 배울 수 없었다. 하지만 고등학교 입학 후 다시 일주일에 한 번 정도 피아노 레슨을 받았다. 시험기간 같을 때는 레슨을 안 받았으니 짬짬이 한 셈이다. 이때는 형과 같이 피아노 학원을 다닌 적이 있는 중학생이던 둘째도 참여했다. 피아노 소리보다 "까르르, 까르르" 하는 웃음소리가 더 많이 들렸지만, 그래도 아이들의 정서적 안정에 좋다는 생각에 흐뭇했다.

첫째에게 피아노는 각별하다. 고3, 재수, 그리고 반수, 오랜 수험생활 동안 가장 친한 친구였다. 아이는 힘들 때, 심난할 때, 쉴 때, 언제든 시간이 나면 음악을 듣고 피아노를 연주했다.

고등학교 친구들이 일찍 대학에 입학해서 자신의 전공을 찾아갔을 때, 첫째는 원하는 목표를 이루기 위해 좀더 긴 시간을 노력해야 했다. 그 기간 동안 피아노는 첫째의 힘든 마음을 위로해 주는 가장 친한 친구였고 기쁨이자 응원군이었다. 피아노를 연주하는 동안 아이의 표정이 그렇게 행복할 수가 없었다.

첫째는 의과 대학에 입학한 이후에도 피아노를 계속 연주할 뿐만 아니라 기타를 독학으로 익혔다. 피아노를 배워 그런지 기타를 익히는 속도는 빨랐다. 클래식 기타 동아리에도 가입해 여러 번의 연주회에 참여했다. 거기서 새로운 사람들을 만나고 후배들의 연주도 도와주면서 바쁜 의대생 생활 속에서 보람을 만들어가고 있다. 지금 첫째의 방에는 책상 오른쪽에는 피아노가, 왼쪽에는 기타가 있다.

대치동에서 이처럼 체육이나 피아노 같은 악기 연습을 중고등학교 때까지 계속하는 경우가 많지는 않지만, 하는 아이들은 또 하는 것 같다. 검도장이 있어서 검도를 배우는 아이들도 있고 탁구를 하는 아이들도 있었다. 우리 아이처럼 피아노 등 악기를 계속 하는 아이들도 있는

데, 음악을 전공하려는 것은 아니기에 중고등학교 때는 실력을 높이는 것보다 즐기며 명맥을 유지하는 정도이다.

우리 아이들에게 태권도와 운동, 피아노는 참고 견디며 꾸준히 하는 힘을 길러주었고, 즐거운 친구이자 힘들 때 곁을 지켜준 든든한 동반자였다.

아빠도 엄마도 공부 중

아이는 부모의 말보다 등을 보고 자란다

절대 망하지 않는 투자는 자신의 미래에 투자하는 것

결혼 후, 나는 남편 월급의 10%를 남편의 미래를 위한 자기계발에 투자한다는 원칙을 세웠다.

사실 우리 부부는 결혼 초기에 경제적으로 여유롭지 못했다. 게다가 내가 결혼 후 부산에서 남편의 직장이 있는 서울로 올라오게 되었고 첫째도 금방 생겨서 외벌이일 수밖에 없었다.

하지만 경제적 여유가 없는 와중에도 남편의 월급에서 10% 정도는 남편이 계속 공부를 할 수 있게 투자를 해야겠다고 마음먹었다. 우리 가족의 더 나은 미래를 위해서는 사람에게 투자하는 것이 그나마 최선의 선택이라고 생각했기 때문이다. 게다가 그때 샐러리맨들은 여차하면 40

대, 50대에 직장을 그만두게 되니 공부를 계속해야만 장차 상황이 더 낫지 않을까 싶었기 때문이다. 우리 부부가 이런 결정을 한 것에는 친정아버지의 영향이 있었다.

친정아버지는 내가 어릴 때부터 앞으로는 대학은 누구나 가기 때문에 대학원까지는 가야 된다고 하셨다. 또한 앞으로의 시대에는 여자들도 마찬가지라고 하셨다. 결혼할 때 나는 대학원에 다니고 있었다.

남편이 결혼 허락을 받기 위해 인사를 드리러 왔을 때, 친정아버지는 결혼을 허락하시면서 조건으로 남편에게 장차 석박사 과정을 밟는 게 좋겠다고, 박사까지는 아니더라도 최소한 석사까지는 했으면 좋겠다고 권하셨다.

남편은 법대를 다녔지만, 대학 때 아버지가 돌아가시는 바람에 졸업하자마자 어린 나이부터 직장생활을 하고 있었다. 대학원 진학이나 고시공부를 더 했으면 좋았을 텐데 그럴 만한 경제적 여유가 없었다고 했다.

결혼을 한 후, 실제로 친정아버지는 남편에게 대학원을 갔으면 좋겠다고 하시며 첫 등록금을 주셨다. 그리고 대학원 진학이 첫걸음이라고 말씀하셨다. 사실 직장을 다니면서 석사 과정을 밟는다는 것이 쉽지 않은데, 남편 또한 직장인은 끊임없이 자기계발을 해야 한다고 생각했기에 MBA(경영학 석사) 과정에 도전한 것이었다.

남편은 MBA를 마치고 나서 다시 미국공인회계사(AICPA) 시험에 도전했다. 직장생활을 하면서 자기계발을 놓치면 안 되겠다는 생각을 하게 되었고, 자신은 이 두 개를 동시에 굴려야 만족이 되는 사람인 것 같다고 했다. 남편은 주중에는 회사일을 하고, 주말에는 회계 전문학원을 다니며 열심히 공부했다.

남편이 직장을 다니며 공부하는 기간의 자녀 양육은 오로지 내 몫이 되어버렸다. 나와 아이들의 주말 모습도 바뀌었다. 주말에 회계학원을 간 아빠의 빈자리를 메우기 위해 두 아이의 손을 잡고 지하철로 갈 수 있는 서울 시내의 박물관, 미술관, 과학관 등을 돌아다녔다. 그러다 보니 1년 만에 서울 시내 국공립 박물관과 미술관, 사설 박물관과 미술관, 과학관, 그리고 각종 공연과 전시회까지 구석구석 안 가본 곳이 없을 정도가 되었다.

그렇게 각자 생활에 충실했고, 우리의 응원을 받은 남편은 아주 빠르게 미국공인회계사 시험에 합격했다. 그리고 2008년 남편은 박사 과정에 입학했다. 이 시절 나도 결혼과 출산, 양육으로 중단했던 대학원을 다시 시작해서 박사 과정에 들어갔다.

그해 모 방송사의 다큐멘터리 「인재전쟁」에서 직장생활과 자기계발을 병행하는 남편을 소개했는데, 프로그램 중간에 박사 과정에 있던 나와 도서관을 함께 다니는 아이들까지 온 가족이 공부하는 모습이 방영되기도 했다. 그래서 잠시 동안 우리 가족은 유명세를 타기도 했다.

남편은 공부가 습관이 된 것 같다. 요즘도 책을 쓰고 계속 공부를 하고 있다. 직장생활과 공부를 병행하던 30대 때는 일이 굉장히 많았으며 주말에는 매일 공부를 해야 해서 힘들었지만, 40대 초반에 국내 그룹사 임원이 되면서 직장생활과 10년 동안 공부를 병행했던 성과가 나오는구나 싶었다고 한다. 이후 생소한 IT 분야로 옮겨서도 30대부터 쭉 쌓아 놓은 공부습관 때문에 적응하고 버틸 수 있었다고 한다. 남편은 프로가 되려면 직장인들은 계속 공부를 해야 하며, 프로는 2~3개월 만에 성과가 나오는 공부보다 적어도 1년 반에서 2년 반 정도 했을 때 성과가 나오는 공부를 해야 성취감이 크고 커리어에 도움이 된다고 지금도 말한다. 우리 부부는 공부의 힘을 믿었다.

워런 버핏은 "절대로 실패하지 않는 투자는 자기 자신의 가치를 높이는 것에 투자하는 것"이라고 했다. 다가올 미래에 대해 불안을 느끼기보다는 오늘에 충실하며 꾸준히 조금이라도 자기 자신의 가치를 높이는 것에 투자해야 한다. 공부하는 동안 비록 멋진 옷을 입고 좋은 곳에 가서 외식을 하지는 못했지만, 우리에게는 희망을 향해 달려가는 미래가 있었고 사랑하며 아끼는 가족이 있었기에 그 시간들을 견딜 수 있었던 것 같다.

아이 공부습관을 잡는 가장 쉬운 방법

어린 시절 우리 아이들은 늘 공부하는 엄마와 아빠를 보고 자랐다. 비록 경제적으로 넉넉하지 않았어도 미래를 저축한다는 생각으로 공부했고,

이는 결국 자연스럽게 아이들의 책을 읽는 습관에도 좋은 영향을 미친 것 같다. 부모가 책 읽는 모습, 공부하는 모습을 보여주는 것이야말로 아이들에게 좋은 공부습관을 키우는 가장 쉬운 방법이다.

우리집은 학위 공부를 했지만, 꼭 학위 공부일 필요는 없다. 그저 부모가 일주일에 두어 번이라도 공부하는 모습을 보여주는 것만으로도 효과가 있다고 생각한다.

전업주부인 지인은 아이들이 유아일 때부터 5년째 매일 한 시간씩 영어 공부를 해왔다고 한다. 유아, 초등 저학년 때 엄마표 영어를 하고 학원비도 아끼기 위해서였다고 한다. 아이들이 초등 고학년이 되어 영어학원을 다니게 된 후에도 영어 공부를 지속하고 있다.

또 다른 지인은 맞벌이 엄마인데, 사실 퇴근 후 집에 오면 집안일도 많고 지쳐서 공부를 할 힘도 없고 별로 하고 싶지도 않았다고 했다. 그래도 부모로서 공부하는 모습을 보여주고 싶어서 고민 끝에 한자 공부를 시작했다고 한다. 일요일 밤에 남편과 함께 집안일을 일찍 끝내놓고, 일부러 아이들이 잘 보이는 거실에 앉아 사자성어를 30분 정도 읽고 쓴다고 한다.

매주 한 시간이라도 책 읽기, 종이신문을 받아보면서 경제면을 좀 진지하게 30분씩 읽는 것, 각종 자격증을 따기 위한 공부, 가정의 재테크를 위한 경제·주식·채권·부동산 공부, 한자 공부, 서예 공부, 종교인이라면 성경 같은 경전 공부, 뭐든 다 공부다.

아이들은 부모의 말(훈계나 잔소리)보다 등을 보고 자란다는 말이 있다. 무엇이 되었든 간에, 아이가 집에 있을 때 부모가 20~30분이라도 공부하는 모습을 자주 보여주는 것만으로도 효과가 있는 것 같다.

어릴 때는 글자보다 체험학습

보고 경험한 만큼 알게 된다

20년 전쯤 첫째가 영유아일 때는 아이를 데리고 편하게 갈 수 있는 곳이 많지 않았다. 그래서 당시 초보 아빠 엄마였던 우리는 아이 또래 친구들의 부모님들과 용인의 놀이공원에서 자주 만나곤 했다. 가는 길은 항상 교통체증이 심해 간단한 도시락을 준비해서 가기도 했다. 소풍 도시락을 거창하게 싼 것은 아니고 볶음김치에 자른 김, 그리고 참기름과 깨소금으로 코팅한 고소한 밥을 담고 첫째가 좋아하는 음료수면 충분했다.

밀리는 차 안에서 비닐장갑을 끼고 김에 밥과 반찬을 작게 싸서 도르르 말아서 남편 한 입, 뒷좌석에 있는 아이 한 입 사이좋게 먹다보면 어느새 공원 주차장이었다.

그러던 어느 날 둘째가 생겼다. 당시 연간회원 중에서 2000년도에 출산을 하게 되면 10년짜리 연간회원권을 주는 이벤트가 있었다. 그동안 놀이공원을 열심히 간 것에 대한 보상인지 전화가 왔다. "2000년 밀레니엄 기념 연간회원 대상 이벤트에 당첨되셨어요. 10년 동안 사용 가능한 연간회원권을 수령하러 센터로 방문해 주세요." 우리 둘째 당첨!

결과적으로 이 이벤트는 우리 가족 모두를 10년 연간회원으로 가입하게 하는, 우리보다는 회사에 더 득이 되는 기막힌 이벤트이긴 했다. 어쨌거나 덕분에 주말이면 자주 놀이동산에 갔다. 워낙 자주 갔기에 그곳에서 아이들의 꿈과 희망이 자라났는지도 모르겠다는 생각을 하곤 한다.

아이들이 스스로 선택하는 체험학습과 문해력

아이들이 어릴 때 가족 네 명이서 여행을 정말 많이 다녔다. 해외여행도 갔지만, 국내에 안 가본 곳이 없을 정도로 방방곡곡을 돌아다녔다. 좋은 호텔에서 잘 때도 있었지만, 경제적으로 부담이 되니 저렴하게 여행을 했다.

차라는 공간은 매우 밀폐된 공간이지만, 아이들과 대화를 하기에는 가장 좋은 장소 중 하나이다. 좁은 공간이어서 주목도가 높으면서도 딱딱한 분위기는 아니기에 얘기를 나누기에 참 좋은 것이다. 참고로, 이는 유아나 초등 때뿐만 아니라 부모가 분위기를 잘만 이끌면 중고등 때도 더욱 효과를 발휘한다.

국내여행을 갈 때 대략적인 방향만 정하고 나서는 것도 재미가 있다. 그럴 때는 중간에 휴게소 같은 데서 온 가족이 머리를 맞대고 구체적인 장소를 정하곤 했다.

초등학생이던 아이들은 차 뒷자리에서 여행서나 관광안내지 같은 것을 읽고, 자기들이 읽은 것을 바탕으로 엄마 아빠에게 지금 가고 있는 지역과 볼거리들에 대해 설명을 하곤 했다. 아이들이 이처럼 앞으로 볼 것에 대해 읽고 부모에게 설명을 하고 대화를 나누면, 아무래도 보고 느끼는 것이 다르다. 부모가 여행 장소를 매번 일방적으로 정하고 무엇을 보아야 하는지를 이야기해 주는 것보다, 가끔은 아이들이 스스로 여행 장소를 선택하고 그에 대해 부모에게 설명해 주는 식도 좋다.

매번 여행 장소를 콕 정해놓고 가면 준비하는 과정이 힘들어 잘 못 갈 수 있고, 자주 못 갈 수도 있다. 그냥 이번에는 해남으로 간다, 강진으로 간다며 훌쩍 나서면, 가는 길에 인삼랜드에 들러 인삼 튀김도 사먹는 식으로 좀더 의외성이 있는 여행이 되어 재미가 있다. 행복해지려면 여행을 하라는 말이 있다. 국내여행을 가면 꼭 아이들과 그 지역 시장에 들렀다. 그곳에서 꼬막이나 부추 같은 특산물을 사서 집에 돌아와 요리를 해서 먹었다. 그러면 온 가족이 식탁에 둘러앉아 다녀온 지역에 대한 여행 이야기를 하게 된다. 이 또한 경험한 것을 다시 기억해내고 자신의 생각을 표현하는 훈련이 된다.

요즘 아이들의 문해력이 부족하다는 이야기를 많이 한다. 문해력은 텍스트를 읽고 이해하고 생각하고 표현하는 통합적 능력이다. 실제로 아이들을 학교에 보내보면, 공부에서 이 문해력이 얼마나 중요한지를 절감하게 된다. 문해력이 부족하면 국어를 잘 못할 뿐만 아니라 사회도 과학도 수학도 잘할 수가 없다.

최근 문해력이 중요하다고 하니 초등학생 부모님들이 어휘력 책이나 독해 문제집으로 가르치는 경우가 있는데, 이처럼 온 가족이 여행과 같은 체험을 통해 키울 수도 있다. 사실 유아/초등 저학년 때는 종이의 문제를 푸는 것보다 부모와의 대화와 체험학습이 문해력 성장에 훨씬 효과적이다. 이렇게 다져진 문해력은 초등, 중등, 고등으로 올라갈수록 힘이 세진다.

엄마 아빠와 함께하는 즐거운 가족 여행, 중간에 휴게소 같은 곳에서 온 가족이 시끌벅적 여행 장소를 정하고, 아이들이 여행지에 대한 정보를 읽고 부모에게 설명하는 과정에서 문해력이 쑥쑥 자라게 된다. 꼭 여행이 아니라도 부모와 함께하는 다양한 체험활동 속에서 문해력 키우기를 녹여내면 좋을 것 같다.

특히 아들이라면 아빠와 일대일 여행

초등, 중등 때는 아빠가 아들 한 명씩만 데리고 일대일 여행을 가기도 했다. 이번에는 첫째 아들과 둘이서만, 다음 번에 시간이 될 때는 둘째 아들과 둘이서만 가는 식으로 말이다.

남편의 말에 따르면, 아빠와 아들의 일대일 여행은 네 식구가 함께 하는 가족여행과는 느낌이 꽤 다르다고 한다. 식구 네 명이 항상 같이 다니다가 아빠와 아들이 일대일로 여행을 가면 온전히 서로 둘에게만 집중을 하게 된다. 둘이서 맛있는 것도 먹고 저녁에 이야기를 하고 아침에 일어나서도 이야기를 한다. 이 과정에서 아이가 부쩍 컸구나 싶을 때도 있고, 집에 있을 때 못 봤던 모습도 보인다. 아이의 장점도 보이고 단점도 보이고 서로의 속내도 얘기하게 된다고 한다.

남편도 지인이 권해서 아들과의 일대일 여행을 가게 되었는데, 자주 가지는 못했지만 너무 좋았다고 한다. 아들을 가진 아빠에게는 둘만의 여행을 권하고 싶다고 했다.

교육, 주로 학습에 대해 다루는 책에서 웬 아들과 아빠의 일대일 여행 얘기냐고 의아해하는 분도 있을 것이다.

두 가지 얘기를 드리고 싶다. 뒤에서 좀더 상세히 다루겠지만, 내가 생각하기에 교육은 가족의 팀 플레이이고, 또한 당장 초등 때 수학 몇 문제 더 풀게 하는 것보다 길게 생각하면 사춘기를 잘 보내는 것이 중요하다. 그런 점에서 초등 때부터 일년에 한 번이라도 아이와 아빠가 일대일로 함께 여행을 하는 것은 장차 중고등 때 공부에서 스퍼트를 올리게 될 때 좋은 밑거름을 만드는 것이라고 할 수 있다.

여행은 무한한 상상력을 만든다

아이들이 어릴 때 여행을 갈 때면 미리 약속을 했다. 해야 하는 공부나 숙제가 있으면 여행이라는 핑계로 빼먹지 말자는 것이었다.

조금은 우스운 모습으로 보일지 모르겠지만, 여행지의 숙박 장소에서 저녁을 먹고 남편은 회사일을 하고 아이들은 챙겨간 숙제를 아무 불만 없이 해낸 적이 많다. 기껏해야 한 시간 정도이지만 약속은 약속이기 때문에 지켰다.

여행을 좋아하는 남편은 해외여행을 갈 때면 패키지 여행이 아닌 우리 가족만의 여행 계획 짜기를 좋아했다. 시간대별로 빼곡히 장소와 봐야 할 것, 맛집이 잘 정리되어 있었다. 이런 여행의 장점은 단체여행 패키지에 없는 우리만의 코스로 갈 수 있고, 가고 싶지 않은 쇼핑센터를 들르지 않아도 된다는 것이다.

덕분에 오사카 여행을 갔을 때는 시외버스를 타고 가서 호오류사의 금당벽화를 보기도 했다. 잘 정리되어 있는 사찰과 그 안에 있는 금당벽화가 인상적이었다. 코스가 애매해서 패키지 여행의 일정에서는 볼 수 없는 곳이라 왠지 우리만 몰래 본 것 같은 재미가 있었다. 나라현에서는 나라국립박물관에서 일하는 한국인 연구자를 우연히 만나서 일본에 있는 한국의 유물에 대해 많은 이야기를 들을 수 있었다.

스위스에서도 재미있는 추억이 있다. 융프라우행 기차를 타고 올라가며 알프스 산에서 스키를 타는 사람들을 보았다. "이다음에 커서 너희들이 언제든 이곳으로 스키를 타러 올 수 있게 되길 바란다. 그러기 위해선 열심히 살아야겠지. 세상에 공짜로 얻어지는 것은 없단다. 하지만 모든 노력에는 그에 맞는 보상이 반드시 주어지지. 멋진 삶을 살고 싶으면 그렇게 되기 위해 더 많은 노력을 해야 해. 엄마는 너희가 그렇게 될 수 있을 것이라고 믿어." 당시 아름다운 풍경에 푹 빠진 아이들은 내 말을 진지하게 들어주었다.

융프라우 정상에 도착하니 거센 눈보라가 휘몰아치고 있었다. 둘째의 털모자가 그만 눈보라에 날아가 버렸다. 먼 훗날 누군가가 만년설에 묻혀 있을, 둘째의 DNA를 간직한 모자를 찾아낼 수 있지 않을까? 20여 년이 지난 지금도 우리는 만년설이라는 타임캡슐에 보관되어 있을 둘째의 모자 이야기를 가끔 한다.

여행을 통해 다양하게 보고 듣고 먹고 느낀 체험은 잠재의식 속에서 머무르며 무한한 상상력과 사고력을 키운다. 그래서 다른 비용은 꽤 아끼고 살았지만, 여행에는 많이 투자했다. 여행지에서 본 우연한 장면이나 경험이 인생을 송두리째 바꾸기도 할 것이라고 생각했기 때문이다.

나는 멘토형 엄마

식탁과 요리는 아이들과의 소통을 돕는다

아이도 부모도 가정마다 스타일이 다 다르다.

우선 리더형 부모가 있다. 보통 학창시절 공부를 엄청 잘하셨고 나름의 좋은 공부방법도 아시는 부모님들이다. 이 경우 길을 정해놓고 아이를 그 길로 이끄는데, 아이와 궁합이 잘 맞으면 효과적이지만, 반면 아이가 부담감을 많이 느끼는 경우도 있다.

학창시절에 공부를 엄청 잘하셨던 부모님 중에는 '때가 되면 아이가 알아서 하겠지.' 하고 안 시키는 부모님도 있다. 그리고 일일이 옆에서 다해주는 부모님도 있고, 문해력 같은 중요한 것 한 가지만 신경쓰고 나머지는 알아서 하게 두는 부모님도 있는 것 같다.

나는 굳이 스타일을 말하자면 멘토형 엄마, 그림자형 엄마라고 할 수 있을 것 같다. 그림자처럼 따라다니다가 아이가 도움을 요청하거나 필요해 보일 때 나타나서 도움을 주고 다시 사라지곤 하는 엄마 말이다. 미리 발품을 팔아서 필요하다고 생각하는 정보들을 준비해 놓고 있다가 필요할 때 제공하고, 아이가 지치면 등 뒤에서 토닥토닥 다독여주고 살짝살짝 밀어주는 식이었다.

생활 면에서는 큰 울타리의 범위를 정해놓고, 아이가 그 울타리를 뛰어넘으려고 할 때에만 경고를 하는 방식을 지켜왔다. 그렇다고 방임을 하거나 방관한 것은 아니다. 크게 어긋나지 않는 일이라면 일일이 간섭을 하거나 잔소리를 하지 않고 지켜보려고 노력했다. 그런 멘토형 엄마인 내게 아이들과 소통하고 관계를 이끌어가는 무기가 있었으니 바로 '요리'와 '식탁'이었다.

맛있는 냄새와 요리의 힘

학교에서 돌아왔을 때, 또는 중고등 때 시험을 보고 지쳐서 돌아와서 현관문을 열 때, 우리집은 맛있는 간식 냄새가 먼저 아이들을 맞았다.

그러다 보니 자연히 아이들을 맞는 나의 첫마디도 "오늘 시험은 잘 봤니?", "오늘 수업 잘 들었니?", "몇 점 나왔니?"가 아니라 "엄마가 오늘은 컵케이크를 만들었는데, 어서 와서 먹어봐." 같은 말이 먼저 나왔다.

어릴 때부터 유난히 후각이 발달한 둘째는 바로 식탁으로 와서 "오늘 쿠키에는 커피 향이 나네요. 지난번에는 코코넛 향이 났는데…. 정말 맛있어요!"라고 하며 맛있게 먹곤 했다. 아이들의 쿠키 재료 맞추기는 간식을 만들 때마다 하는 게임이 되었다. 사실 빵이나 쿠키의 고소한 첫 냄새는 만든 후 10분밖에 가지 않는데, 아이들이 학교나 학원에서 돌아오는 시간에 맞추어 만드니 현관문을 여는 순간 맛있는 냄새부터 날 수밖에 없었다.

아이들의 간식을 만드는 데는 시간과 정성이 많이 들어가지만, 확실히 집안의 분위기와 대화 내용이 달라진다. 그래서 충분히 가치가 있는 노력이라고 생각한다.

부모가 잘할 수 있는 한 가지를 찾아야 한다

내가 처한 환경에서 부모로서 잘할 수 있는 것, 아이들이 주어진 능력보다 20~30% 나아질 수 있도록 도와줄 수 있는 방법을 찾아야 한다. 부모라고 해서 모든 면을 다 잘하기는 힘드니, 내가 좀더 정성을 기울일 수 있는 것을 찾는 것이다. 내게는 그것이 바로 요리였다.

어릴 적부터 나는 요리, 특히 빵과 과자 만들기에 관심이 많았다. 첫째를 임신했을 때, 태교를 위해 손가락을 많이 움직일 수 있는 제과와 제빵 자격증에 도전했다. 서너 시간씩 서서 실습하는 과정이 힘들긴 했지만, 태어날 아기에게 홈메이드 간식을 만들어 줄 수 있다는 생각에 즐거운 마음으로 열심히 배웠다. 자격증도 받았지만, 아이들에게 언제든지 수제 쿠키와 빵을 만들어 줄 수 있다는 것이 더 만족스러웠다.

"요리와 아이들 공부가 뭔 상관이 있느냐?"고 할 수 있겠지만, 내 생각은 좀 다르다. 뒤에서 본격적으로 이야기하겠지만, 초등학교 때는 아이의 태도와 공부습관을 잡는 것이 중요하고, 중학교 때야말로 공부에 집중할 시기이다. 그런데 이 시기가 아이들의 사춘기와 겹쳐 있다.

일단 집에 들어올 때부터 맛있는 간식 냄새가 나고, 엄마의 첫마디가 간식 이야기이면, 아이들의 기분이 좋아질 수밖에 없다. 특히 사춘기나 중고등 때 남자아이들은 입을 잘 열지 않아서 부모가 조바심이 날 때가 있는데, 일단 좀 신기한 음식을 만들어 주면 "엄마 이거 뭐예요?", "이거 뭘로 만든 거예요?" 하며 스스로 입을 열게 된다. 말수가 적은 남자아이가 엄마한테 입을 떼게 되는 것이다.

나의 경우 요리가 원래 취미지만, 꼭 요리 솜씨가 뛰어나지 않아도 괜찮다. 중요한 것은 부모가 시간을 내어 특별한 것을 만들어 주고 정성을 기울여 준다고 느끼게 하는 것이다.

이 책은 출간 전에 베타테스터 학부모님들이 먼저 읽어보셨는데, 맞벌이인 한 어머니는 그동안 요리는 그냥 끼니를 때우기 위해 하는 것이라고만 생각했는데, 사춘기 아이와의 관계를 풀어가는 데 큰 도움이 된다는 것을 깨닫고, 당장 주말에 중학교 2학년인 아들이 학원에서 돌아오는 시간에 맞춰서 쿠키를 구워 봤다고 하셨다.

평소 요리에 관심이 없고 솜씨도 젬병이라고 생각했는데, 유튜브 동영상을 보며 따라해 보니 할 만하더라고 하셨다. 아이가 현관문을 열고 들어오면서 맛있는 냄새에 의아해 했고, 엄마가 만들었다는 얘기를 듣고 놀라고, 맛있게 먹으면서 얼마나 좋아하던지 일주일에 한 번씩이라도 실천해 봐야겠다는 말씀을 전해오셨다. 저자로서 감사하고 무척 보람된 일이었다.

멘토형 엄마의 식탁

우리 가족에게 식탁은 여러 의미를 담고 있다. 새로운 도전의 밑거름이 자랐고, 기쁨이 있고, 성취가 있고, 그리고 아이들이 힘들어 하다가 부모의 위로와 응원으로 다시 일어섰던 순간까지, 나름 치열했던 가족의 궤적이 남아 있다. 결코 한 마디로 표현할 수 없는, 고스란히 가족의 히스토리를 담고 있는 것이 바로 우리집 식탁이다.

첫째, 우리집 식탁은 고대 그리스의 아고라(회의 장소)와 비슷하다.

남편은 20여 년째 종이 경제신문을 받아보고 있는데, 아이들에게 최근 이슈가 되는 경제 흐름, 과학기술, 문화 동향을 식사 중 혹은 식사 이후에 자주 이야기해 주었다. 아이들은 잘 모르는 주제를 만나면 아빠에게 궁금한 것을 물어본다. 그러고도 혹시 정확하게 이해되지 않는 내용이 있다면 같이 인터넷을 통해 설명을 찾아보기도 한다. 아이들이 대학생이 된 이후에는 제법 어려운 주제도 다룬다. 정치에 대해서도 이야기를 하고, 재테크의 중요성도 화제로 올라오고, 의료기술과 AI에 대한 토론도 한다. 인문학과 첨단과학이 식탁에 오르내린다.

둘째, 우리집 식탁은 공부하는 장소이다.

남편이 아이들의 공부를 봐주던 장소이기도 했고, 내가 박사 과정 동안 여러 개의 논문을 펼쳐놓고 리포트와 씨름하던 곳이기도 했다. 아이들이 어릴 때는 같이 앉아 책을 읽는 장소였으며, 고등학교 3학년 때는 아이가 직접 쓴 자기소개서를 리뷰하고 수정할 때 쓰기도 했다. 그리고 요즘 낮 시간에는 나만의 독서공간 또는 요리 작업대가 된다. 집에 공부할 수 있는 공간이 아무리 많아도, 희한하게 식탁은 더 집중하게 만드는 매력이 있다.

셋째, 식탁에서 소소한 대화를 자주 한다.

아이들에게 친구들과 재미있게 보낸 이야기를 자주 물어본다. 학교 동아리 생활도 가끔 묻는다. 맛집 이야기는 최고의 공통 관심사이다. 최근 뜨고 있는 식당과 메뉴를 찾아보기도 한다. 여행 이야기도 자주 식탁에 오른다. 예전에 가족여행을 갔던 곳의 추억 이야기를 포함해 곧 가게 될 여행지의 맛집과 볼거리를 찾아보고, 앞으로 가고 싶은 가족여행지에 대한 의견도 교환한다.

넷째, 아이들에 대한 바람을 이야기하는 장소이기도 하다.

나는 아이들이 그 자체로서 명품이 되기를 바란다. 우리가 흔히 아는 사치품을 말함이 아니다. 진정한 명품은 드러내지 않아도 품위가 있고, 시간이 지나도 가치가 줄어들지 않으며 오히려 더 커진다. 외면의

화려함만큼 철저한 디테일이 차별화를 만들어낸다. 내면에서 뿜어져 나오는 품격이야말로 자신의 가치를 완성하는 것이라는 이야기를 자주 해왔다. 배려와 매너는 하루아침에 살 수도 만들어낼 수도 없는 것이다.

그래서 아이들이 많은 독서를 하고, 좋은 사람을 만나고, 밝은 생각을 하고, 희망적인 삶을 개척하기를 바란다. 부모는 아이들이 평생을 통해 이룰 수 있는 것에 아주 일부분만 도움을 줄 수 있을 뿐이다. 인생에서 진정으로 원하는 것은 자신의 힘으로 스스로 만들어 나가야 한다는 말도 빠트리지 않고 해준다.

다섯째, 우리집 식탁은 요리 창작과 체험의 공간이기도 하다.

나는 식탁에서 요리를 연구하고 만들고, 새롭게 시도한 음식의 레시피를 정리한다. 그동안 접한 다양한 종류의 음식 재료와 조리법 특성을 분석하고 재조합해서 새로운 맛을 만들어 보려고 한다. "요리에 사랑을 담으면, 먹는 사람이 맛으로 그 사랑을 느끼게 된다."라는 문구를 본 적이 있다. 그렇게 탄생한 음식을 가족과 지인들과 함께 먹으며 행복을 나눈다. 방학 때는 요리에 관심이 많은 둘째와 직접 만들어 보기도 한다. 우리집 식탁은 이때에는 취미의 발전과 체험의 현장이 된다.

부모라면 누구나 아이들을 사랑하고 잘해주려고 하고 정성스럽게 키우려고 노력할 것이다. 하지만 초/중/고로 올라감에 따라서 아이와 투닥거릴 때도 있고, 부모로서 좀 지칠 때도 있고, 아이와 관계가 소원

해질 때도 있다. 그럼에도 불구하고, 부모로서 너라는 존재에 대해 관심과 사랑을 가지고 있고 정성을 기울이고 있음을 보여주는 한 가지가 있으면 좋을 것 같다. 오랜 기간에 걸쳐서 부모가 계속하고 있는 특별한 한 가지 말이다.

나의 경우는 그것이 요리였지만, 다른 분들은 다른 무엇인가일 수도 있을 것이다. 이를테면 엄마표 뜨게질, 서예, 손편지 같은 것이 될 수도 있다. 그것이 무엇이 되었든 간에, 부모가 아이를 위해 잠깐, 일주일에 한 시간이라도 특별한 시간을 내어 특별한 것을 해주고 관심과 정성을 기울이고 있음을 보여주면, 아이가 사춘기와 힘든 공부를 이겨내는 데 큰 힘이 된다.

아빠는 구원 투수

자녀교육은 팀플레이다

아이와 아빠가 신문 사설을 함께 읽으며 국어 독해력을 키운 적이 있다. 토요일 아침마다 시간을 내어 한두 시간씩 4개월쯤 했는데, 아이의 국어 독해 실력이 쑥 늘었다(뒤에서 방법을 따로 상세히 소개할 텐데 꼭 해보셨으면 한다).

어떤 지인은 "아빠가 공부를 가르쳐 준다고 해서 애들이 앉아 있니? 아이가 착한 거야."라고 했다. 물론 아빠가 아이에게 관심이 별로 없이 그냥 내버려뒀다가 초등 고학년이나 중학교 때 뜬금없이 "국어 독해력을 내가 잡아줄게. 같이 해보자."라며 나서면, 애가 "뭐예요?"라고 할 수도 있을 것이다.

아빠와 아이의 관계는 일찍부터 만들고 가꾸어야 한다. 어릴 때부터 굳이 공부까지는 아니라도, 아이와 같이 할 수 있는 것, 얘기할 수 있는 것, 공감대를 형성할 수 있는 것을 계속 이어가는 것이 좋다.

사실 교육은 어찌 보면 가정의 팀플레이다. 우리가 가정을 이루면 재테크도 부부간의 팀워크가 필요하지만, 교육이야말로 온 가족의 팀워크로 결과를 내는 것이라고 볼 수 있을 것 같다.

요즘은 텍스트톡(Text-talk)이라고 해서 부모가 동화책을 읽어주면서 아이와 대화를 나누는 것을 중요시하는데, 보통 아빠가 동화책을 읽어주는 경우는 꽤 있지만, 동화책을 읽어주면서 텍스트톡까지 하는 것은 엄마인 경우가 많다. 유아나 초등 저학년이라면 아빠가 함께하는 것이 교육적인 면에서도 매우 효과가 크다.

옥스포드대학 로스 파크 교수팀의 연구에 따르면, 아빠가 아이의 발달과 교육에 적극적일수록 학업 성취도와 사회성이 높았고, 호주 머독 아동연구소의 연구에 따르면, 아빠가 그림책을 읽어준 아이들의 언어 능력이 4세 때 그렇지 않은 아이들보다 네 배나 높았다. 이른바 '아빠 효과'는 부모의 소득이나 교육 수준, 맞벌이/외벌이 여부보다 아이의 학업 성취도에 미치는 영향이 크다.

중고등 스퍼트 시기를 위해 아이와의 관계를 저축한다

남편은 아이들에게 친구 같은 아빠가 되고 싶었다고 한다. 대학 때 아버지가 좀 일찍 돌아가셨기에, 어릴 적 기억을 돌이켜보면 가족에게 헌신

적이셨고 잘해주셨는데도 누나들이 많고 아버지와 나이 차이가 워낙 많아서 그랬는지, 그 시절의 부자 관계가 대체로 그렇듯이 좀 어렵게 느껴졌다고 한다. 그래서 자신은 좀더 가깝고 친한 아빠가 되고 싶었다고 한다. 아이들이 어릴 때부터 무엇을 함께할 수 있을까, 도와줄 수 있을까 하는 생각을 하고 실천했다.

직장생활과 공부를 병행하느라 시간이 없고 힘들었지만, 어릴 때부터 되도록 가족여행을 많이 다녔고, 조금씩 크면서는 다른 아빠들이 그러하듯이 학원에 데려다주고 데려오고도 많이 했고, 공부할 때 뭘 도와줄까라고 말을 건네고 도와주기도 했다(뒤에서 좀더 상세히 소개한다).

입시 마지막에 힘들어할 때는 일요일에 학원에 가서 공부하는 아이와 점심을 먹었다. 점심시간에 혼자 밥 먹지 말라고, 학원의 친구들도 다들 지쳐 있으니 가서 밥만 사먹이고 왔다. 아빠와 둘이서 먹는 맛있는 밥 한 끼, 묵묵히 옆에서 지지해 주는 아빠의 지속적인 관계 맺기 방법이었다.

아이들이 어릴 때 자기 20~30분 전에 아빠가 조그만 방에서 오른팔, 왼팔을 베게 하여 옆에 눕혀놓고, 책의 주인공을 바꿔가면서 창작을 해서 이야기를 들려주면 너무 좋아했다. 이를테면 산신령 이야기와 신데렐라 이야기를 섞어서, 산신령이 신데렐라를 만났는데 어쩌고저쩌고 하면서 이야기를 꾸며내어 들려주곤 했다. 아이들이 좀 자랄 때까지 꽤 오랫동안 했다. 그래서 나중에 아빠가 매주 토요일 오전에 경제신문의 사설을 함께 읽으며 국어 독해력을 키워보자고 했을 때 아이가 흔쾌히 그러자고 했던 것 같다(국어 독해력을 키우는 구체적인 방법은 뒤에서 소개한다).

공부가 아니라도 운동이나 블루마블, 레고 만들기, 게임, 뭐가 됐든 아빠와 아이가 하나의 주제를 가지고 한 3개월에서 6개월 정도 꾸준히 목표를 가지고 하면 거기서 느끼는 부모로서의 보람도 클 뿐만 아니라, 회사일로 바빠서 함께하는 시간이 많지 않더라도 어릴 때부터 아이와 좋은 관계를 이어가는 데 도움이 된다.

어렵게 생각할 필요 없다. 자전거 타기, 등산, 게임 등 뭐가 되었든 좋다. 또한 끝말잇기나 수수께끼 풀기, 퍼즐 맞추기, 같이 책 읽고 느낌 말하기 등 약간의 지적활동이 들어가는 것을 같이하면, 나중에 아이의 공부를 도와줄 때 거부감이 덜하게 된다.

앞에서도 말했듯이 우리집은 국어를 힘들어하는 아이의 독해력을 키우는 데 도움을 주려고 아빠와 함께 경제신문 사설 읽기를 한 바 있다. 그런데 그때 아빠와 같이한 것은 공부에만 도움이 된 것이 아니다. 사실 공부는 학교 선생님이나 학원 강사님들이 더 잘 가르치신다. 아이가 힘들어할 때, '아빠가 나를 도와주려고 하는구나.' 하는 마음의 위안, 심리적 안정을 얻게 되는 것이 큰 도움이 된다.

어린아이들을 위한 요리

요리와 공부는 비슷하다

나의 어머니는 요리 솜씨가 남다르다. 어릴 때 "엄마, 여기에는 간장을 얼마만큼 넣으면 되나요? 또 소금은요?"라고 하면, 돌아오는 대답은 늘 "간을 보고 적당히"였다. 대충 만드는 것 같은 어머니의 요리는 신기하게 항상 맛이 좋았다.

나는 제과, 제빵을 배우면서 같은 종류의 재료를 준비하고 정확하게 계량을 해서 일정한 맛을 내려고 노력했지만, 정작 맛보는 두 아이들은 먹을 때마다 맛이 조금씩 다르다고 했다. 왜 그럴까? 요리를 계속하다 보니, 아이가 자라면서 입맛이 변하고 상황에 따라서 느끼는 맛 또한 달라진다는 것을 알게 되었다.

어머니는 계속 자라는 나를 매 순간마다 잘 이해하고 그 상황에 맞는 음식을 만들어 주신 것이다. 결국 최고의 맛은 계량으로 만들어지는 것이 아니라 사랑과 이해를 통해 탄생하는 것이다.

요리와 공부는 비슷한 것 같다. 같은 선생님으로부터 같은 교재로 같은 내용의 강의를 듣는다고 해도, 학생마다 받아들이는 방법과 도달하는 수준이 다르다.

우리집 두 아이들도 엄마인 내가 의아할 정도로 좋아하는 과목, 공부하는 방법, 배운 것을 익히는 습관이 매우 달랐다. 그래서 내 방식으로 아이들을 틀에 맞추어 키울 수는 없었다. 그렇게 해서 될 일도 아니었다.

아이들은 자라면서 스스로 학습방법을 계속 바꾸고 발전해 나가고 있었다. 나는 두 아이가 각자 자신이 가진 재료를 가지고 최고의 맛을 낼 수 있도록 지원자로서의 역할에 충실할 뿐이었다.

그래서 나의 요리에는 두 아이가 함께 추억하는 히스토리가 있지만, 각자 기억하는 스토리도 있다. '따로 또 같이' 나눈 대화와 즐거움, 함께 극복한 고민과 상황이 고스란히 나의 요리에 녹아 있다.

A. "엄마 소고기국은 5천원이에요" (by 둘째 아들)

둘째가 5세 때 저녁을 먹다가 갑자기 "엄마! 소고기국 끓이는 것 힘들어요?"라고 했다. 그래서 "왜?"라고 물었더니 "너무 맛있어서 그래요. 많이 만들어 주시면 제가 팔아볼게요."라고 했다. "얼마에 팔고 싶니?"라고 물었더니 둘째는 "5천원에요!"라고 했다.

20년 전이니까, 아이는 자기가 생각할 수 있는 선에서 가장 비싼 5천원으로 그 국을 팔 수 있을 것이라고 생각한 모양이었다. 아이에게 나의 요리를 제대로 인정받은 최초의 기억이다. 간혹 가자미를 푹 끓여서 뼈와 살을 발라낸 미역국과 고등어로 만든 추어탕도 만들어 주었다.

유아기는 아이들의 식습관을 형성하는 시기라 신선하고 좋은 재료를 사용해 재료 본연의 맛을 느끼게 하고 싶었다. 되도록 저당 저염식으로 조리하고 제철음식을 자주 식탁에 올리려 애썼다. 정성스럽게 음식을 만들어 주면, 아이들이 잘 아프지 않고, 아프더라도 회복이 빠를 것이라고 생각했기 때문이다.

B. "사골곰탕은 매일 먹어도 맛있어요" (by 첫째 아들)

첫째는 사골곰탕에 밥을 말아서 김치랑 먹는 것을 좋아한다. 보통은 사골을 집에서 끓이는 것을 매우 번거로운 일이라고 생각하지만, 결코 그렇지 않다.

먼저 한우 사골과 꼬리, 잡뼈, 그리고 사태를 사서 찬물에 담가 물을 여러 번 갈아가며 핏물을 뺀다. 그다음 물을 팔팔 끓여 그 속에 재료들을 넣고 잠깐 데쳐내고 그 물은 버린다. 다시 큰 냄비에 뼈와 고기를 담고 찬물을 넣은 후 센 불에 끓인다. 팔팔 끓으면 불을 중약불로 낮추고 위에 뜨는 불순물을 걷어서 버리고, 물이 줄면 찬물을 부어가며 계속 끓인다. 외출을 해야 하면 불을 끄고, 외출에서 돌아오면 다시 불을 켜서 끓인다. 물을 부어가며 잠을 잘 때는 불을 끄고, 다음날 아침이면 불을 켜는 것을 사흘쯤 반복한다. 육수가 완전히 식으면 위에 뜨는 기름을 걷어내고 중형 지퍼백에 한 팩씩 보관한다.

고기는 두 시간 정도 삶아 편육을 할 정도로 익으면 꺼내어 식힌 후 얇게 슬라이스를 해서 냉동 보관한다. 먹을 때는 육수에 고기를 넣고 끓여 잘 익은 김치를 함께 내놓으면 된다. 여름에는 좀 힘들지만, 겨우내 만들어 먹으면 뼈가 튼튼해지고 단백질도 듬뿍 들어 있어 이것만큼 좋은 반찬이 없다.

C. 아이들을 위한 간식

어릴 때는 간식을 사주려고 해도 걱정이 앞서는 것이 사실이다. 그래서 유기농, 무농약 등 좋은 재료가 들어간 것을 사서 먹이려고 하지만 엄마가 직접 만드는 것보다는 못하다. 이것이 요리와 베이킹을 배워 직접 간식을 만들어 주게 된 이유이기도 하다.

나는 아이들 간식을 만들 때 설탕은 기존 레시피의 80% 정도만 넣는다. 그럼에도 '설탕이 이렇게 많이 들어가나?' 하는 생각이 들기도 한다. 그러니 시중에 파는 과자는 우리가 생각하는 것 이상의 설탕이 들어가 있다고 보면 된다. 버터는 100% 동물성 크림을 쓰는 것을 원칙으로 한다. 가격이 비싸긴 해도 내 아이가 먹을 것이기 때문이다. 애들이 어렸을 때 함께 만들었던 수제 간식 두 가지를 소개해 보려 한다.

초코칩 버터 스틱

아이들에게 초코는 항상 정답이다. 다크 초콜릿을 적당량 먹으면 옥시토신이라는 행복 호르몬이 나온다고 한다. 초콜릿도 성분 함량에 따라 가격이 천차만별인데, 아이들이 먹는 것이니 되도록이면 좋은 품질의 것을 구입해서 썼다.

큰 볼에 버터와 설탕과 달걀을 믹스하고, 체에 친 코코아 가루, 분유, 밀가루, 베이킹파우더를 넣으면, 거기에 두 아들이 고사리 같은 손으로 한 움큼의 초코칩을 넣는다. 이 모두를 믹스해 만든 반죽을 비닐에 넣어 30분간 냉장고에 넣어둔 후 꺼내 분할해서 원하는 모양으로 성형하고, 달걀 칠을 해서 오븐 안으로 넣는다. 오븐 온도는 170~180도로 맞춰 20분간 구워낸다.

밖에서 초코칩 버터 스틱이 부푸는 과정을 바라보는 아이들의 눈이 신기해 동그래진다. 구워져 나오면 가장 먼저 자기가 만들었던 것을 찾아서 먹는다. 이 세상 모든 것을 다 가진 듯한 표정이었다. 나 또한 자연스레 재료 준비의 번거로움을 잊고 행복해지곤 했다.

곰돌이 아몬드 쿠키

유치원에서 바자회나 생일파티를 할 때는 간식을 구워서 들려 보냈는데, 우리 아이들은 곰돌이 아몬드 쿠키를 특별히 좋아했다. 이 쿠키는 아몬드가 듬뿍 들어 있어 두뇌 영양에도 좋다. 무염 버터에 설탕을 믹스하고 아몬드 가루와 박력분을 체에 쳐서 넣고, 슬라이스 아몬드를 모두 한 번에 듬뿍 넣어 반죽하고 있으면, 아이들이 곁으로 다가와서 "엄마, 손 씻고 올까요?"라고 물어보곤 했다. "그래! 같이 해볼까?"라는 말이 떨어지기가 무섭게 신이 나서 식탁에 앉았다.

첫째는 쿠키 커터로 곰돌이 모양을 찍고, 둘째는 스파클링으로 곰돌이 의상을 완성했다. 170~180도의 오븐에서 10분간 구워낸 곰돌이의 모습은 반죽한 것과 전혀 달라져 반전이 된다. 상상 이상의 결과에 놀란 아이들은 환호성을 지르며 자기가 만든 곰돌이 아몬드 쿠키를 맛있게 먹곤 했다.

곰돌이 아몬드 쿠키

D. 남편과 아이들을 위한 개성 파이 약과

남편은 특별히 좋아하는 음식이 없지만, 내가 만든 약과는 매우 좋아한다. 우리 전통의 개성 약과를 서양식 파이에 응용해서 만드는데, 부담스러운 향이 적고 산뜻한 느낌의 약과라서 아이들도 잘 먹는다.

먼저 박력분에 올리브유를 넣어 섞어 체에 내린다. 여기에다 물엿, 소금, 청주를 넣고, 나의 비법 재료인 대추고까지 넣어 가볍게 반죽한다. 이후에는 파이처럼 여러 번 접고 밀기를 반복해서 모양을 만든다. 그래야만 완성되었을 때 파이 같은 식감을 갖게 된다.

다음으로는 반죽을 160도 정도의 낮은 온도 기름에서 3~5분간 불리듯이 튀기다가 약과가 떠오르면, 기름 온도를 180도 정도로 올려 흡수한 기름을 뺀다. 그리고 튀긴 약과를 조청에 담근 후 건져내서 기름과 시럽을 빼낸다. 집에서 깨끗한 기름에 약과를 튀기니 맛이 없을 수 없다.

개성 파이 약과

2장

[애피타이저 1]

초등생 맘이었던 내가
지금의 초등생 맘에게

초등 때 태도와 공부습관을 확실히 잡자

때로는 부모의 단호함이 필요하다

부모와의 신뢰감 형성이 먼저다

초등학생일 때 가장 중요한 것 중 하나는 부모와의 신뢰감 형성이다. 이것은 전반적인 교육뿐 아니라 장차 중고등생이 되었을 때 공부를 잘하게 하기 위해서도 필요하다. 왜 그럴까?

"사춘기가 없다면 아마 아이들의 입시 결과가 많이 달라질 것이다."라는 얘기가 있다. 사춘기라는 시기는 한창 공부를 해야 하는 시기와 맞물려 있다. 사춘기를 수월하게 넘긴 아이들과 아닌 아이들의 입시 결과가 꽤 다르다.

초등학교, 아니 중학교 저학년까지도 잘 지냈던 아이가 사춘기가 오고 반항을 하면서 엇나가는 경우들이 꽤 있다. 부모와의 사이에서 그런

갈등 관계가 2~3년을 가다보면 성적도 떨어지게 마련이다. 바로 이 시기에 부모와 관계가 좋고 좀 평범했던 아이들이 공부에 집중하고 스퍼트를 올리면서 성적이 뒤집어지는 경우가 생각보다 꽤 있다.

사실 중학교 때는 고등학교 때처럼 공부량이 많아야 하는 시기이다. 초등학생 때는 눈싸움을 하다가, 중학생 때는 눈덩이를 하나하나 굴려가는 것이고, 고등학생 때는 중학생 때 만들어진 공부량으로 그 눈덩이를 키워가는 것이다. 그런데 이렇게 중요한 중학생 시절이 되면 이미 부모의 말이 잘 안 먹힌다. 그래서 초등 때 부모와의 신뢰감을 확실히 형성해 놓아야 하는 것이다.

초등 때 혼낼 것은 확실히 혼내야 한다

중학교, 고등학교를 버티는 힘은 초등학교 때 형성된다. 태도 면에서도 마찬가지다.

요즘은 사춘기도 빠르기 때문에, 초등학교 때 좀 엄하게 안 되는 것은 단호하게 안 된다고 얘기하고 야단칠 것은 분명하게 야단쳐야 한다. 옳고 그름은 초등학교 때 확실히 가르쳐야 한다. 이런 것은 초등학교 때 해야지, 중고등학교 때 가서 야단치는 것은 효과가 별로 없고 오히려 역효과가 생기기 쉽다.

중고등학교 때는 오히려 부모가 참아야 되는 시기이다. 그렇기에 초등학교 때는 더더욱 예의범절과 힘들어도 좀 참고 견디는 힘을 길러야 하는 것이다. 그것이 바탕이 되어야 중고등학교에 가서 버티는 힘을 가지게 된다. 초등 때 부모가 좀 엄하게 아이들의 태도를 잡아주는 한편, 아이들과 관계를 좋게 만드는 것이 나중에 사춘기 때 이득으로 돌아오는 것이다.

벌써 일어났니?-약속은 반드시 지킨다

여느 때와 같이 남편의 아침식사를 준비하러 일찍 일어났는데, 초등 1학년이었던 첫째가 식탁에 앉아서 무언가를 하고 있었다.

"뭐하고 있니?"라고 물었더니 "저 공부하고 있어요!"라고 했다. 그래서 뭐하고 있나 싶어서 보니, 이미 수학 공부는 마쳤고 한자 공부를 하고 있었다. 당시 나는 매일 아이에게 일정 수준의 공부할 분량을 미리 정해 주었다. "이것 다 하고 게임하려고 일찍 일어났어요."

일찍 일어난 것이 기특하긴 했지만 한편 걱정도 되었다. '세상에… 게임이 뭐라고, 그것이 하고 싶어서 이렇게 새벽같이 일어나 숙제를 하고 있는 걸까?'

우리집은 초등학교 때 아이들이 하루에 주어진 분량의 공부를 마치면, 이후 무얼 하든 전혀 간섭하지 않았다. 이는 아이들과 나의 약속이었다. 그래서 그날 첫째가 자신이 하고 싶은 게임을 할 시간을 늘리려고 아침부터 서두른 것이다.

이럴 때 엄마가 욕심을 부려 공부를 더 시킬 요량으로 또 다른 숙제를 내어준다면, 과연 아이가 공부에 흥미를 가질 수 있을까? 아이가 그날의 공부 목표를 달성하는 것뿐만 아니라 부모에 대한 신뢰를 형성하는 과정 또한 매우 중요하다. 그래서 아이와의 약속은 반드시 지켜야만 한다. 아이에게는 공부와 게임이 동일하게 중요했기 때문에 그 생각을 존중해 줄 필요가 있었다.

한번은 둘째가 초등 2학년 때 우리 부부가 저녁 약속이 있어서 공부를 하라고 해놓고 5학년 형과 두고 나갔는데, 조금 있다가 전화가 왔다. 둘째가 울면서 "엄마 아빠는 밖에 나가시면서 저는 아직 아홉 살밖에 안 됐는데 어떻게 저한테 야학을 시키세요?"라고 했다. 그럴 수도 있겠구나 싶었고, 어린 나이의 애한테 밤에 공부를 시켜놓고 나간 것이 미안했다. 그래서 이후로는 저녁에 공부를 시켜놓고 외출하지 않았다.

초등학교 때 아이와 신뢰감을 형성하려면, 어릴 때부터 아이와의 약속은 무슨 일이 있어도 지켜야 한다. 약속을 못 지킬 것 같으면 아예 하지 않는 것이 좋다.

"너 이렇게 하면 이거 사줄게.", 또는 "공부를 다 하면 컴퓨터 게임을 하게 해줄게."라고 해놓고서는, 아이가 그것을 다 했는데 "이거 더 해야 돼."라는 등 괜히 트집을 잡아서 좀더 시키려고 들면 그다음부터는 엄마를 믿지 않게 된다. 부모에 대한 신뢰감은 어릴 때부터 형성해야 한다는 것을 꼭 기억하자.

존댓말을 가르친 이유

아이들이 말을 배울 때부터 존댓말을 가르쳤다. 존댓말이 습관이 되면 아예 4~5세부터 "엄마, 뭐?" 같은 반말을 안 하기 때문이다. 나도 아이들에게 어렸을 때부터 대놓고 반말을 하지는 않았다. "이거 해 줄래요?" 식으로 존댓말을 하거나 반말을 조금 순화하여 말했다. 이렇게 하면, 아이들이 부모가 자기를 존중한다는 것을 알게 되고, 사춘기 때도 엄마 아빠한테 말을 함부로 하는 것을 덜하게 될 것이라고 생각했기 때문이다. 처음 욕을 배워 왔을 때는 단호하게 혼냈다. 이 부분은 초등학교 때 확실히 잡아야 한다고 생각했기 때문이다.

아이들은 꼭 해야 하는 것, 하면 안 되는 것, 잘못된 것을 초등학교 때 거의 다 배운다. 초등 때 태도를 잡아놓으면, 중고등 때 짜증을 낼 때가 있더라도 선을 넘지는 않는다. 자기가 잘못했다는 것을 다 알기 때문에, 아이에게 생각할 시간을 주고 부모가 가만히 있으면 와서 잘못했다며 죄송하다고 하거나, 나중에라도 미안한 마음을 갖게 된다.

아이가 부모와의 사이에서 신뢰감이 형성되면, 부모가 원하는 것을 안다. 사실 공부를 하는 것은 힘들고 하기 싫을 때가 많다. 또 노력을 하는 데도 잘 안 될 수도 있다.

하지만 부모와의 관계가 좋으면, 잘 안 되었다 하더라도 나중에라도 제 길을 가게 되는 경우를 주변에서 정말 많이 보았다. 부모가 좀 인내하고 기다리고 도와주면, 아이들은 느리더라도 계속 성장한다. 주위에서 시간이 걸려도 꿈을 이뤄가는 아이들을 자주 본다. 대신 부모가 참고 기다려 주어야지, "너는 왜 그 모양이니?" 이러면 그냥 끝이 난다. 그런 말은 절대 하면 안 되고 믿고 지지하고 기다려 주는 것이 중요하다.

또한 할 수만 있다면, 아이 스스로 하루를 계획하게 하는 것이 바람직하다. 그 계획에는 공부도 중요하지만 재미있게 놀 시간도 함께 있어야 한다. 부모는 아이들이 계획한 일을 하루 중에 잘 마무리할 수 있도록 분위기를 만들고 도움을 주면 된다. 그 과정에서 아이의 자기주도학습 습관이 형성된다.

"엄마도 학교 다녀올게요"

부모의 말보다 행동을 보고 자란다

혼자 스스로 할 수 있겠니?-엄마의 대학원 진학과 보온 도시락

결혼해서 서울로 와서 살다보니, 아이들이 어릴 때는 마땅히 맡길 지인이나 곳이 부족해서 육아에만 전념했다. 그러다가 둘째가 초등학교에 입학하고 나서 나의 앞날을 위해 뭔가 할 일을 찾아야겠다는 생각이 들었다. 하지만 내 결정에는 두 아이의 동의가 필요했다. 아이들에게 앞으로 스스로 해야만 하는 일이 많아진다는 것을 미리 알려주어야 했기 때문이다.

아이들의 저녁 식사가 끝나갈 무렵 조심스럽게 말을 꺼냈다.

"너희들도 어느 정도 컸으니 엄마가 공부를 다시 시작해도 될까? 그러면 학교에서 돌아왔을 때 엄마가 집에 없을 수도 있단다. 식탁에 간식을 준비해 놓기는 하겠지만, 너희 스스로 시간에 맞춰서 학원도 가야 하고, 간혹 혼자 밥을 먹어야 할 수도 있을 거야. 그럴 때는 엄마가 보온 도시락을 싸놓고 가려고 하는데 괜찮을까? 잘할 수 있겠니? 너희들의 동의를 미리 받아야 할 것 같아서 물어보는 거야."

가만히 듣고 있던 두 아이는 동시에 "네, 그렇게 하세요. 잘할 수 있어요!"라고 대답했다.

그때까지 아이들을 다른 사람에게 맡겨본 적이 없었고 한 번도 떼어놓은 적이 없었기 때문에 걱정이 앞섰지만, 선뜻 대답을 하는 어린아이들이 기특하고 고마웠다. 그래서 나는 2008년 박사 과정에 입학할 수 있었다.

초등학교에 다니는 두 아이를 등교시킨 후 대학교로 가는 길은 너무 행복했다. 수업을 따라가느라, 리포트를 작성하느라 항상 바빴으며, 특히 하루 종일 수업과 스터디, 세미나가 있는 날은 두 아이를 위한 아침 식사와 간식까지 챙겨놓고 등교하기 위해 새벽잠을 줄여야 했다.

어린아이들이라 음식을 해서 두어도 챙겨먹기 힘들 거란 생각에 아예 보온 도시락을 두 개 샀다. 국통에는 아이들이 좋아하는 된장찌개나 콩나물국, 수프, 카레나 짜장 등을 넣고, 밥통에는 밥이나 스파게티, 햄버거를, 반찬통에는 달걀말이나 볶음김치, 제육볶음, 불고기 등을 담았다. 과일은 따로 작은 접시에 담아 좋아하는 음료수와 함께 냉장고에 넣어두었다. 이렇게 완성해 놓은 두 개의 보온 도시락을 메모와 함께 나란히 식탁 위에 둔 후 대학교로 가는 일상이 반복되었다.

"엄마는 학교 다녀올게요. 학교에서 돌아오면 손을 깨끗이 씻고 할 일을 하고 있어요. 엄마가 없어도 잘할 수 있지? 고마워, 우리 아들~ 사랑해! 엄마는 비록 공부하고 있지만, 항상 너희들을 최우선으로 생각하고 있어요."

아이들은 부모의 말을 듣고 자라는 것이 아니라 뒷모습을 보고 자란다고 한다. 두 아이들은 내가 대학원을 다니는 동안, 수업 준비와 리포트를 작성하느라 컴퓨터 앞에 앉아 열심히 공부하는 엄마의 등을 보며 자랐을 것이다.

간식 옆 메모-엄마가 항상 네 등 뒤에 있단다

나는 보온 도시락을 싸놓고 대학교에 갈 때면, 또는 외출할 때는 아이들을 위한 음식이나 간식과 함께 메모를 써놓곤 했다. 초등학교 때뿐만 아니라 중학교, 고등학교, 첫째가 재수를 할 때, 그리고 대학생인 지금도 아이들을 위한 메모를 자주 쓴다.

남자아이들은 중고등 정도 되면 힘들 때 대답을 안 하거나 말을 안 할 때가 있다. 그럴 때 메모나 카톡 메시지 같은 것이 큰 힘이 된다.

중고등생일 때 아이가 답을 안 해도 메모나 카톡 메시지를 남겨두곤 했다. "엄마는 언제나 네 편이야.", "엄마가 항상 네 등 뒤에 있어. 너는 혼자가 아니란다.", "용기를 내보렴. 엄마가 도와줄게."

아이들과 소통이 잘 안 될 때, 학교에 가느라 집을 나서는데 표정이 안 좋을 때, 비록 메시지를 보고 답을 안 하더라도 꾸준히 보냈다. 아이들은 말을 안 해도 그것을 보며, 엄마와 아빠가 자신들을 지지하고 있음을 알 수 있었고 위안을 받았을 것이라고 생각한다.

멘토형 엄마의
초등 시크릿 학습 레시피 4가지

1. 저학년 때 공부는 하루 20~30분

첫째는 초등 저학년 때 피아노와 태권도 학원을 다니고, 집에 오면 수학 연산과 한자를 조금 했다. 많이도 아니고 한 20~30분 정도 하면 되는 양이었다.

피아노나 태권도 학원을 갔다와서 저녁을 먹고 나면 저녁 7~8시가 되는데, 책을 좀 보다가 숙제를 하고 나면 잤다. 아이들을 그다지 구속을 하지 않았다. 어릴 때 대화를 되도록 많이 하고 동화 같은 것을 많이 들려주었다. 공부하라고 막 다그치거나 공부를 안 한다고 혼냈던 적은 없는 것 같다. 초등 때는 인성이 바르고, 정서적으로 따뜻한 마음을 가진 아이들로 키우고 싶었다.

어떤 아이들은 초등학교 때부터, 심지어 유치원 때부터 대입을 목표로 달리기도 한다. 그런 경우 빠르면 사춘기에 막 들어가는 초등 5,6학년 때, 또는 중학생 때 너무 지칠 수 있다.

아이들이 초/중/고를 치면 12년, 심지어 유치원 때부터 15년을 공부에 매진하는 것은 결코 쉽지 않다. 입장을 바꿔 생각해 보자. 성인이라고 하더라도 12년, 심지어 15년을 한 가지 목표를 향해 쉼 없이 뛰는 것이 쉽겠는가? 따라서 나는 오히려 중학교부터 고등학교까지 6년 동안 제대로 몰입해서 뛰는 것이 낫다고 생각한다.

사람은 나이대에 맞는 체력이 있다. 초등학교 때 100m를 겨우 20초에 달리는데 자꾸 15초에 달리라고 하면 지친다. 그러니 유치원이나 초등 저학년 때부터 무조건 달리게 하지 말고, 이때는 오히려 체험학습과 놀이를 많이 하는 것이 더 좋을 것 같다.

유치원이나 초등 아이들은 보는 것만큼, 그리고 체험하는 것만큼 알게 되는 것 같다. 자연을 접하는 활동이나 여행 등의 다양한 체험학습을 하는 과정에서 시각, 청각, 후각, 미각, 촉각 등 오감이 발달하게 하는 것이 중요하다. 부모들이 지식으로 뇌에 넣어주는 것은 한계가 있고, 밖으로 나가면 아이들은 다른 것을 본다. 초등학교 때는 아이들을 데리고 놀고 많이 돌아다니는 것이 좋을 것 같다.

2. 수학 연산

초등 저학년 때 아이들에게 공부 분량은 집중해서 하면 25~30분이면 끝날 수 있게 조금이지만, 매일매일 해야 될 분량을 주었다. 무언가를 성실하고 꾸준하게 하는 것이 필요하다고 생각했기 때문이다.

수학 연산은 꾸준히 하게 했다. 초등 때 습관이 되지 않으면, 고등 때 어려운 문제를 다 풀어놓고 연산 실수로 틀리기도 하기 때문이다. 아이들은 간단한 연산 문제를 푸는 동안 집중력을 기를 수 있고 수 감각도 키울 수 있다. 특별한 프로그램에 참여한 것은 아니고, 시중에서 판매하는 연산 연습책을 골라서 하루에 대여섯 바닥씩 하게 했다.

요즘은 초등학교 때 사고력 수학을 많이 한다. 우리 아이들이 초등학생일 때에도 사고력 수학이 있었다. 그런데 결국 나중에 지나고 보면, 수학 진도에서 저 뒤에 있는 개념을 앞으로 가져와서 선행하는 것뿐이기 때문에 별 효과가 없는 것 같다고 조심스럽게 이야기하고 싶다.

어차피 자기 학년이나 진도의 수학 개념만 잘 잡고 있으면 된다. 아이가 공부의 속도를 올릴 때 할 수 있는 것을 너무 앞당겨서 할 필요가 있을까? 어릴 때부터 너무 어려운 수학 문제를 접하다 보면, 아이가 힘들어 수학을 싫어하게 될 수도 있다. 또한 그렇게 힘들게 익혔다고 하더라도 그때뿐이고, 좀 지나면 또 잊어버린다.

만약 초등 고학년이 되어 수학 선행을 좀 해야겠다고 생각한다면, 차라리 그냥 선행을 하는 것이 낫다. 사고력 수학을 따로 하는 것은 효율적이지 않고 그럴 필요가 없다고 생각한다. 창의력 수학 또한 마찬가지라고 생각한다.

수학은 천재가 아니면 아이의 머리가 영글었을 때 속도를 올리는 것이 좋다. 아이 수준에 너무 어려운 것을 일찍부터 시킬 필요가 없다. 다시 말해 머리가 영글었을 때, 즉 중학교 때 속도를 올리는 것이 좋다고 생각한다. 좀 이르게 시작한다고 해도, 적어도 초등 고학년은 되어서 시작하는 것이 효율적인 것 같다.

3. 한자

우리집 아이들은 초등학교 때 한자 공부를 했다. 수학 연산과 한자 공부까지 다 해서 하루 20~30분씩 했으니, 한자 공부라고 해봐야 분량이 많지는 않았다. 하루에 두어 바닥씩 했다.

한자 공부를 시킨 이유는 일단 아이들이 매일매일 공부를 일정 분량을 했으면 했기 때문이었다. 그것을 위해 선택한 것이 연산과 한자였던 것이다.

연산은 공부 방식이 간단하다. 그냥 수 계산을 하면 된다. 한자도 사실 글자의 획이 좀 복잡하고, 뜻과 의미가 아이들에게 좀 생소할 수 있지만 익히는 방법 자체는 단순하다. 즉, 초등 저학년 때 하루 20~30분 집중하는 공부습관을 들이기 위해 간단하게 반복할 수 있는 두 가지를 선택한 것이다.

한자 공부를 선택한 또 다른 이유는 장차 국어 독해력을 높이기 위해서였다. 국립국어원에서 간행한 『표준국어대사전』에 실린 한국어 단어 51만여 개 중에서 한자어는 57%에 달한다. 이처럼 우리말에서 비중이 높은 한자어의 기반인 한자를 알면, 장차 국어 어휘력과 독해력을 키우는 데 큰 도움이 될 것으로 생각했다.

한자 공부와 관련하여 또 하나 이야기하고 싶은 것은 초등 고학년, 중고등 공부의 기초가 된다는 것이다.

학교 공부는 교과서를 기반으로 한다. 교과서는 그 학년의 아이들이 꼭 알고 있어야 할 핵심 지식을 압축적으로 넣어 놓은 것이다. 이처럼 과학, 사회, 역사 등 각 분야의 기초 핵심 지식을 압축해 놓았기에 사실 교과서는 그 나이대 아이가 읽기 수월한 책이 아니다.

초등 1,2학년, 그리고 3,4학년 교과서는 비교적 읽기 수월하지만, 초등 5,6학년 정도가 되면 읽기가 쉽지 않다. 지문의 길이가 길어질 뿐만 아니라 사회, 과학, 수학 등 각 과목에서 필요한 개념어들이 본격적으로 등장하기 때문이다. 그런데 이러한 개념어들은 주로 한자어인 경우가 많다.

또한 이른바 학습 도구어에도 한자어가 많다. 교과서에서 "제시한 문제를 보고"라는 표현을 봐도, '제시'가 무슨 뜻인지 모르는 아이들이 많다. 따라서 초등 저학년이나 중학년 즈음 한자를 공부해 두는 것이 장차 공부력을 높여가는 데 큰 도움이 된다.

여담으로, 한자 공부는 한국인 입장에서 우리가 뇌에서 덜 쓰는 부위를 자극하는 효과도 있다. 영어는 기본적으로 철자대로 발음하는 표음문자이고, 한자는 글자가 음(소리)과 상관없이 일정한 뜻을 나타내는 표의문자이다(한국어는 표음문자라고 주장하는 측도 있고, 표의문자라고 주장하는 측도 있다). 그런데 모국어가 표의문자인 경우와 표음문자인 경우에 글을 읽을 때 뇌에서 활성화되는 영역이 좀 다르다. 즉, 아이들이 한자 공부를 하면 평소 덜 사용하는 뇌의 영역을 자극하는 효과가 있는 것이다.

어떤 이들은 창의력이 뭔가 신비한 어떤 것이라고 생각한다. 하지만 창의력이란 뇌의 여기저기 다른 영역들이 활성화되고 연결되는 과정에서 나온다. 그런 면에서 보면 초등 저학년이나 중학년 때 한자 공부를 하는 것은 뇌에서 좀더 다양한 부분을 자극한다는 면에서도 좋은 선택일 수 있다. 또한 남자아이들의 경우 글자를 쓰는 것을 힘들어하고 글씨쓰기를 익히는 게 좀 느릴 수 있는데 이런 아이들에게도 좋다.

초등 아이들이 한자를 공부하는 방법은 여러 가지가 있을 수 있다. 어떤 부모님들은 아이가 한자 학습서를 통해 일일이 쓰면서 익히는 것을 별로라고 생각하여 '목수', '목기', '목탁' 식으로 같은 한자가 들어가는 단어들을 대화 속에 넣어 어휘력을 확장해 주는 경우도 있다. 또는 어떤 부모님들은 초등 한자 책이나 한자어 학습지를 선호하기도 한다.

우리집은 한자 공부를 위해 급수를 따기로 했다. 학원을 안 보내고 서점에서 EBS 급수 교재 같은 것을 사서 아이들이 부담스럽지 않을 정도로 매일 조금씩 하게 하고, 딱 정해진 분량을 하면 아이가 하고 싶은 것을 하게 두었다.

굳이 왜 한자 급수를 따게 했을까? 목표를 설정하고 노력해서 그것을 이뤄가는 연습이 될 것이라고 생각했기 때문이다. 목표를 만들고 그것을 이뤄가는 연습 또한 어릴 때 익히면 좋은 과정이다. 결과적으로 나는 아이들이 초등 때 한자 공부를 하고, 급수를 따는 식으로 한 것이 괜찮았던 선택이라고 생각한다.

4. 국어/영어 언어적 능력

영어의 경우 첫째는 초등 저학년 때 학습지 회사의 영어교실을 하다가 5학년 때부터는 어학원을 다녔다. 둘째는 조금 일찍 2학년 때부터 동네에 있는 영어 어학원을 다니는 정도였다.

영어나 국어 등의 언어적인 부분들은 이처럼 조금 어릴 때부터 하는 것이 좋다. 사실 초등 때는 수학과 과학 선행을 많이 하는 것보다는 언어적 능력을 키우는 것이 중요하다. 실제로 뇌과학적으로 봐도, 만 12세 정도까지 아이들의 언어 능력이 급격하게 성장하기 때문이다(초등 영어 공부에 대해서는 뒤에서 따로 얘기하겠다).

초등학교 때는 책을 많이 읽으며 읽는 체력을 키우고, 영어에 즐겁게 노출되는 것이 중요하다. 수학과 과학에 특출난 재능을 가진 아이가 아니라면 너무 어릴 때부터 경시대회 등에 매달리는 것은 굳이 할 필요가 있나 싶다. 예체능은 옵션으로 생각하지만 할 수 있으면 하는 게 좋은 것 같다.

초등학생들이 밤 10시 넘어서까지 공부하는 경우가 있다. 과학고나 영재고를 가려는 경우 초등 고학년 때부터 준비하는 경우가 많은데, 아이들에게 의사를 물어봐야 한다.

우리집의 경우도 둘째가 초등학교 때, 그리고 중학교 때도 잠시 고민했는데 아이가 싫다고 해서 시작도 하지 않았다. 부모가 원하는 그림을 그려놓고 너무 몰아붙이면 오히려 공부와 멀어지고 부모와 관계도 나빠지는 것 같다. 그래서 아이와 대화를 하면서 어떤 생각을 하고 있는지를 계속 살펴보아야 한다.

어떤 부모님들은 "강남 아이들은 초등학교 고학년 때 이미 고등학교 수학을 공부한다."는 소리를 듣고, "우리 아이가 너무 늦은 것 아닌가요?"라고 물으며 전전긍긍하시는 경우가 있다.

그렇지 않다고 말씀드리고 싶다. 우리집을 봐도, 첫째는 초등학교 때 수학 선행을 안 했고, 둘째는 조금 한 정도였다. 절대 늦은 것이 아니며, 무한한 가능성이 있으니 차분차분 밟아가면 된다는 말씀을 드리고 싶다.

멘토형 엄마의 초등 집중력 향상법 3가지

어떤 부모든 아이들이 공부를 할 때 집중하기를 바랄 것이다. 초등 아이에게 수학 문제집이라도 풀릴라 치면 좀 집중해서 공부했으면 좋겠는데, 몇 분도 안 되어 딴짓을 하고 산만해지기 일쑤이다. 하지만 다음의 연구를 보면 아이들의 이런 행동이 좀 이해가 될 것이다.

2015년 마이크로소프트 캐나다 연구팀의 조사에 따르면, 2000년에는 인간의 집중력 지속시간이 12초였는데 2015년에는 8초로 떨어졌다고 한다. 코로나19 이후 사람들의 집중력이 떨어졌다는 소리가 많이 들리는 것을 보면, 최근 연구결과에서는 집중력 지속시간이 더 떨어졌을 것이다.

집중력이란 '선택적 주의'라고도 하는데, 우리가 무엇에 집중할지, 무엇을 무시할지를 결정하는 능력을 말한다. 아이가 집중력을 유지하는 능력이 좋으면 정보를 더 잘 습득할 수 있고 공부 효율이 높아질 수밖에 없다. 아울러 집중력이 높은 사람이 문제를 더 깊게 분석하고 창의적인 해결책도 더 잘 찾는다는 연구결과도 있다.

전문가들에 따르면, **집중력을 높이는 데는 시간관리(계획 세우기), 장소, 식사, 명상과 규칙적 운동, 충분한 수면, 동기부여 등이 영향을 미친다**고 한다.

이와 관련하여 우리집에서 아이들의 집중력을 높이기 위해서 한 것을 소개해 보겠다. 실천 방법이 아주 간단해서 이 책을 미리 읽고 따라 해 본 베타테스터 분들이 매우 좋은 방법이라며, 금방 아이들과 함께 실천한 방법이기도 하다. 방법은 간단하지만, 초등학교 아이의 집중력을 높이는 쉬운 방법이 들어 있다.

1. '25분 몰입/5분 휴식' 공부법

초등학교 때 두 아이에게 심어준 공부습관 중 하나는 짧은 시간 주기로 집중적으로 공부하고 휴식 시간을 갖게 하는 것이었다. 예를 들면 **25분 공부하고 5분을 쉬게 했다.**

요즘은 이러한 훈련을 할 수 있는 타이머가 시중에 나와 있지만, 우리 아이들이 어렸을 때는 없어서 요리하는 오븐의 타이머를 가지고 연습을 시켰다(여러분은 타이머를 구입해 사용해 보시는 것도 좋을 듯하다).

초등학생 아이들은 오랜 시간 집중하는 것을 힘들어 한다. 책상에 몇 시간 앉아 있어봤자 공부량이 늘지 않는 경우가 많다. 오히려 몰입해서 공부하면 더 많은 공부량을 더 짧은 시간에 빨리 끝낼 수도 있는데도 말이다.

누구에게나 주어지는 시간을 우리 것으로 만드는 법 1

초등 때부터 공부 집중력 높이기

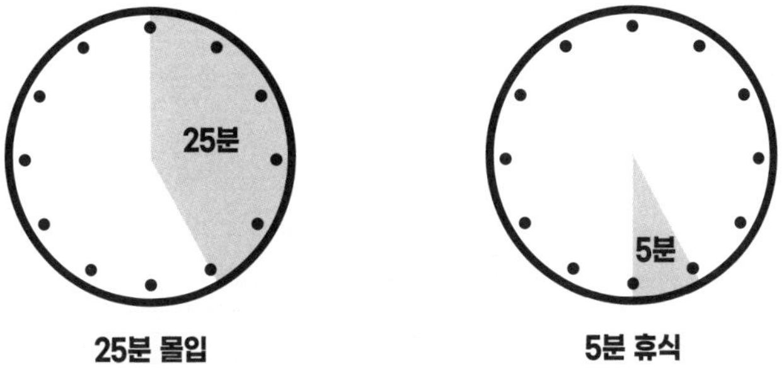

어영부영 공부 시간이 늘어나면 오히려 아이가 지칠 수도 있다. 따라서 공부 시간을 25분 정도로 짧게 잡고, 5분 확실하게 쉬게 하는 식으로 하는 것이 좋다.

이 방법은 다른 장점도 있다. 앞에서 집중력을 높이는 방법에 시간관리(계획 세우기)가 효과적이라고 했다. 아이가 이런 식으로 시간을 잘게 쪼개어 공부하는 방식을 반복하다 보면, 자신이 25분 안에 어느 정도의 분량을 소화할 수 있는지 쉽게 파악할 수 있다. 그러면 나중에는 자신의 공부 가능 분량을 잘 알게 되어 스스로 공부 계획을 실현 가능하게 촘촘하게 짤 수 있게 된다.

또한 이는 메타인지의 발달과도 연결된다. 메타인지란 내가 무엇을 알고 있으며 무엇을 모르는지를 아는 능력이며, 현재 무엇을 할 수 있으며 무엇을 할 수 없는지를 아는 능력이다. 짧은 시간의 몰입과 휴식 리듬을 통해 자신이 얼마의 분량을 소화할 수 있는지 알게 된다는 것은 메타인지를 높이는 데도 도움이 된다. 메타인지 또한 공부력 향상에 매우 중요한 요소이다.

게다가 이렇게 25분 몰입, 5분 휴식을 통해 공부에 집중하게 되면 시간을 촘촘하게 관리하면서도 결과적으로 더 많은 휴식 시간을 가질 수 있게 된다.

2. 공부법의 확장

아이들이 자람에 따라 집중할 수 있는 시간이 늘어나게 된다. 처음에는 공부 몰입 시간이 25분이지만, 나중에는 30분, 40분, 50분 식으로 늘어나게 된다. 이 경우 50분 공부하고 10분 쉬는 것이다.

50분 몰입, 10분 휴식을 통해 집중력을 발휘하면 더 많은 공부량을 더 짧은 시간에 빨리 끝낼 수 있다. 또한 이처럼 시간을 잘게 쪼개어 공부할 목표 분량을 정하고 집중해서 공부하고 쉬는 방법을 반복해 왔다면, 중고등학교 때 공부 계획을 좀더 촘촘히 세워 관리할 수 있다. 아울

누구에게나 주어지는 시간을 우리 것으로 만드는 법 2

'25분 몰입/5분 휴식' 공부법의 확장

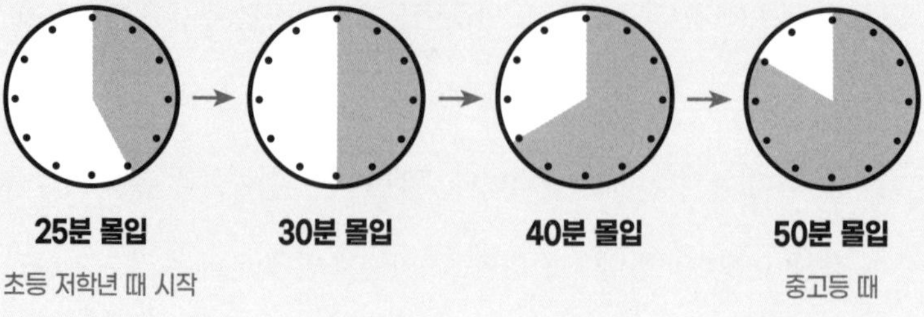

러 쉴 때 확실하게 쉬므로 아이가 덜 지친다. 참고로 우리집 아이들은 중고등 때까지도 운동을 꽤 많이 했는데, 앞에서 소개했듯이 운동도 집중력 향상에 꽤 도움이 된다. 이처럼 '25분 몰입/5분 휴식' 공부습관은 나중에 중학교, 특히 고등학교에 갔을 때 굉장히 힘을 발휘하게 된다.

우리집 두 아이는 공부 집중력이 좀 남다르다. 둘째의 경우 고등학교 때 이 방식으로 공부할 때가 많았는데, 이를테면 1시간을 공부하고 딱 10분을 쉰다면, 휴대폰을 하다가도 10분 뒤에는 스스로 멈추고 시작하는 식으로 시간관리가 철저했다. 중학교 때도 휴대폰을 스스로 통제하기 힘들 때면 내게 맡기곤 했다.

이는 초등학교 때부터 '25분 몰입/5분 휴식'으로 짧은 시간 공부에 몰입할 때 몰입하고, 쉴 때는 제대로 쉬게 한 것이 훈련이 되었기 때문이라고 생각한다.

3. '시간 몰입법'에 익숙해지면 '시간/분량 몰입법'으로

시간 몰입법에 익숙해지면, 이제 공부할 분량을 정해놓고 시간 안에 집중해서 마치면 쉬는 식으로 할 수도 있다. 이때 중요한 것은 반드시 아이가 공부 분량을 스스로 정하게 해야 한다는 것이다.

누구에게나 주어지는 시간을 우리 것으로 만드는 법 3

시간/분량 몰입법

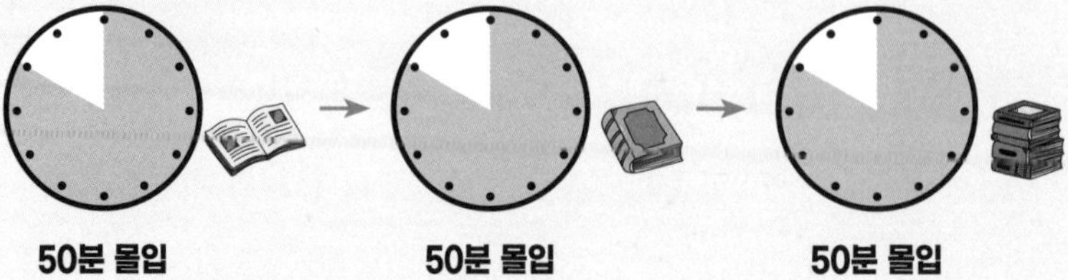

이 방법의 장점은 다음과 같다.

첫째, 공부의 집중력이 더 높아진다.

둘째, 아이가 스스로 정한 공부 분량을 집중해서 마친 후 쉬는 과정을 반복함으로써 성취감을 느낀다.

셋째, 단위 시간 안에 하는 공부 분량이 늘어난다.

결국 공부에 대한 집중력이 좋아지고 단위 시간의 공부 분량이 늘어나니 실력이 향상될 수밖에 없다.

우리 아이들의 경우 실제로 효과를 크게 본 방법이니 여러분도 한 번 해보셨으면 좋겠다.

이번에 구청장 상을 받게 되셨어요!

책 읽는 습관 잡기

아이들이 어릴 때 집 근처의 구립도서관에서 가족 네 명이 빌릴 수 있는 분량만큼의 책을 자주 빌려오곤 했다. 도서관을 다닐 때 내 가방은 갈 때는 반납하는 책으로, 돌아오는 길에는 새로 빌린 책으로 항상 가득 차 있었다.

어느 날 도서관에서 전화가 왔다. "독서의 달을 맞이하여 저희 도서관에서 책을 가장 많이 빌려가신 분께 상을 드리려 하는데요. 어머님이 구청장 상의 수상자로 선정되셨습니다." 그래서 "주로 아이들을 위해 빌린 책들인데요."라고 대답했더니 상관없다고 하셨다. 결국 우리집은 책을 가장 많이 보는 가족으로 선정되어 구청장 상과 도서상품권을 받았다.

뭐든 쉬워야 좋아하게 된다

아이들이 만화책을 읽을 바에는 차라리 읽지 않는 것이 낫다고 말하는 분들이 있다. 하지만 내 생각은 좀 다르다.

나는 뭐든 쉬워야 아이들이 좋아하게 된다고 생각했기 때문에 만화로 된 역사책을 자주 빌려다 주었다. 어려운 내용이라도 만화책으로 먼저 보면 이해의 폭이 넓어져서, 결국 점점 더 복잡한 내용을 잘 이해하게 될 것이라고 생각했기 때문이다.

이를테면 역사 만화책을 이미 많이 읽은 아이들에게 그다음으로는 글이 위주인 역사책을 동서양사, 한국사 가리지 않고 사주었다. 이미 역사 만화책을 너덜너덜해질 정도로 읽은 아이들이라 일반 역사서를 읽는 것도 어렵지 않게 해내게 되었다. 첫째가 고등학교 때 별다른 준비 과정 없이 한국사 검정시험 1급에 단번에 합격했는데, 이 역사 만화책들이 기반이 된 것이 아닌가 싶다.

값비싼 전집보다는 상대적으로 저렴하고 보기 편한 단행본을 주로 샀다. 그래서 우리집에 있는 책들은 모양과 크기가 매우 다양했다. 책들을 잘 보관하기 위해 책장에 예쁘게 꽂아 전시하지도 않았다. 아이들 방의 바닥을 책들로 죽 둘러 채웠고, 책을 장난감 대용으로 쓰거나 베고 눕더라도 야단치지 않았다. 책은 언제든 아이들 손에 닿을 위치에 있어야 더 가까워질 것이라고 생각했기 때문이다.

중고등학교 시기를 거치면서 역사책은 참고서나 문제집으로 바뀌게 되었지만, 필독서는 물론이고, 아이들이 대화 중에 책 이야기를 하면 주저 없이 구매해서 책상 위에 놓아 주었다. 이러한 습관은 지금까지도 이어지고 있다.

나는 책을 사는 것에는 돈을 아끼지 않는다. 한 권을 다 읽지 않고 일부만 볼 책이라도 마찬가지다. 어떤 책이라도 저자가 꼭 하고 싶은 말은 표지든 목차든, 아니면 삽입된 그림에라도 있다고 생각하기 때문이다. 모든 책은 책값의 가치가 있다고 생각한다. 책이라는 것은 그 사람의 어떤 한 부분에서의 노하우를 시간과 공간을 초월해서 가장 빠르고 쉽게 얻어갈 수 있는 것이라고 생각하기 때문이다.

잭슨 선생님과 피자 만들기

초등 영어 어떻게 해야 할까?

앞에서도 말했듯이, 사실 수학은 천재나 영재가 아니면 머리가 영글어야 하므로 아이 수준에 너무 어려운 것을 일찍부터 시킬 필요가 없다고 생각한다. 수학은 중학교 때 확실히 속도를 올리고, 초등학교 때는 영어 실력을 올려야 한다. 그렇다고 해서 아이들을 유아, 초등 저학년부터 대뜸 영어 공부로 밀어넣지는 않았다.

초등 영어의 시작은 공부보다 환경 노출

초등학교 때 영어는 공부보다 환경에 많이 노출되는 것이 좋다는 생각을 가지고 있었다. 아이들이 어릴 때, 남편은 매일 아침 일찍 일어나서 전화영어 수업을 30분쯤 받고 출근했다(원래 남편은 20대 때 영어를 잘 못했는데, 외국계 직장을 다니게 되어 거의 10년을 영어학원을 다녔다). 매일 아침 전화영어 수업을 30분쯤 하고 출근하는 아빠의 모습을 보며 자라다 보니, 아이들도 자연스럽게 영어가 필요하다는 생각을 하게 된 것 같다.

당시 영유아 때부터 영어를 가르치는 곳은 많았지만 비용이 만만치 않았고, 아이가 둘이라 영어유치원에 보낼 엄두가 나지 않았다. 그래서 대다수의 부모님들이 하시는 것처럼, 우리집도 일반 유치원에 다니면서 영어 그림책과 비디오를 보여주는 정도였다.

그런데 최소한 외국인에 대한 두려움은 없애주고 싶은 생각이 들었다. 그래서 동네 지인의 소개로 모시게 된 분이 바로 잭슨 선생님이었다. 큰 키에 잘생긴 호주 출신의 잭슨 선생님은 일주일에 한 번씩 아이들과 재미있게 놀아주었다. 공부보다는 외국인에 대한 두려움을 없애고 친밀감을 형성하는 데 주안점을 두었기 때문에 수업 방식에 일절 간섭하지 않았다. 다행히도 두 아이와 선생님은 무엇이 그리도 즐거운지 수업 중에 연신 "까르르" 소리가 방문 밖으로 터져 나왔다.

1년 정도 지나자 선생님이 고국으로 돌아가시게 되었다. 마지막 수업은 요리 수업이라며 자신이 모든 것을 준비해 오겠다고 하셨다. 약속한 날 오신 선생님의 가방에는 프라이팬, 고기, 햄, 양파, 밀가루, 올리브, 버섯, 피자 소스 등이 가득 담겨 있었다.

재료를 하나둘 식탁에 꺼내놓을 때마다 아이들의 환호성이 터져 나오고 순식간에 파티 분위기가 만들어졌다. 이건 시작에 불과했다. 식탁에 빙 둘러서서 파란 눈 선생님의 요리 강습이 시작되었다. 커다란 볼에 밀가루와 물, 이스트, 소금을 넣고 반죽을 시작했다. 주물럭주물럭, 선생님과 일체가 되어 힘차게 도우를 반죽해 놓고 각종 채소들을 손질해서 놔둔 후 고기를 볶기 시작했다. 고기에 토마토 피자 소스를 붓자 빨간색으로 변했다. 장난꾸러기 둘째는 피가 난 것 같다고 하면서 신기해했다.

아이들과 선생님은 도우를 넓게 밀어 소스를 올렸다. 피자 가루(가루 피자 소스)를 뿌리고, 각종 토핑을 얹고, 그 위에 다시 피자치즈를 듬뿍 얹은 후 팬에 뚜껑을 덮고 구웠다. 피자가 익을 동안 말 맞추기 게임도 했는데, 아이들은 피자를 먹을 기대에 잔뜩 부풀어 선생님과의 이별조차 까마득히 잊은 듯했다.

마침내 바삭한 피자가 모습을 드러냈다. 이 피자가 아이들 일생의 베스트 피자가 될 수도 있을 것 같다는 생각이 들었다. 내 입맛에도 고기 토핑을 듬뿍 얹은 피자가 너무 맛있었다. 아이들은 커서도 피자를 먹을 때면 잭슨 선생님과의 즐거웠던 추억을 떠올리곤 한다.

초등 영어 어디까지, 얼마만큼 해야 할까?

영어 공부는 초등학교 때 어느 정도 집중해 주는 것이 좋다. 물론 중학교, 고등학교로 올라갈수록 영어 어휘가 크게 늘어나지만, 사실 어휘량만 늘 뿐이지 기본적인 영어의 바탕은 초등 고학년 때와 크게 다르지 않다. 원래 언어 공부라는 것이 그렇다. 국어도 보면 기초는 초등학교 때 닦는 것이고, 그 다음은 어휘력과 사고력의 문제인 것이다. 따라서 기초 영어 실력은 초등학교 때 잡아야 한다.

중고등학교 때는 영어 공부에 많이 투자할 시간이 없다. 초등학교 때까지 영어 영역을 거의 다 완성해 놓고, 중학교에 와서는 영어는 내신만 공부하고 따로 안 하는 아이들도 많다.

나는 사실 초등학교 때 무거운 책가방을 끌고 다니며 수학 공부를 많이 하는 것보다 영어를 즐겁게 많이 공부하는 것이 좋다고 생각한다. 그렇게 영어를 공부해 놓으면, 나중에 고등학교 때 수능 영어 영역에서 1등급을 받는 것이 수학이나 국어 영역에서 1등급을 받는 것만큼 어렵지는 않기 때문이다.

"초등학교 때 영어 실력을 어느 정도 완성해야 한다."고 하면 굉장히 힘든 일이라고 생각할 수도 있을 것이다. 하지만 대치동이 아니라도, 장차 수능을 대비한 영어 실력의 기초 정도는 초등학교 때 충분히 만들 수 있다. 우리 아이들이 초등학생 때 다녔던 어학원도 전국에 퍼져 있다.

수능 영어 영역은 문제의 패턴이 있고 절대평가로서 90점 이상을 맞으면 1등급을 받을 수 있다(수능 영어 영역에서 90점 이상을 받은 1등급 학생의 비율이 2022년 7.83%에서 2023년 4.37%로 줄어들긴 했다). 수능 영어 영역은 독해가 좀 어렵지, 문제 자체는 수능 국어 영역처럼 그렇게 어렵지는 않다. 한국인의 입장에서 영어는 외국어이므로 문제를 어느 수준 이상으로 어렵게 출제하지는 못하기 때문에 꼬아서 내거나 하는 것이 덜한 것이다. 한두세 문제 정도가 어렵다.

따라서 초등 고학년 때 영어 실력을 쌓아놓는 것이 좋다. 국어나 수학 과목은 중학교, 고등학교로 올라갈수록 실력을 올려가야 하지만, 영어는 초등학교 때 기초 실력을 충분히 다질 수 있으며, 그나마 영어 공부에 시간을 좀 들일 수 있는 시기이기도 하다.

앞에서도 말했듯이, 초등학교 때 영어를 즐겁게 충분히 잘해놓으면, 고등학교에 가서는 영어에 긴 시간을 투자하지 않아도 되고, 수능뿐 아니라 내신에서도 1등급을 받기가 좀 수월해지기 때문이다. 초등학생 부모님 중에는 뭔 소리인가 하시는 분도 있을 수 있지만, 고등학생을 둔 부모님이나 이미 대입을 치러본 경험이 있는 분들은 공감하실 거라고 생각한다.

공부에는 때가 있다, 짧지만 중요했던 어학연수 3개월

우리 아이들이 초등학교에 다닐 때는 나라 전체에 영어교육 바람이 불었다. 1년 혹은 2년 동안 해외 어학연수를 보내거나 엄마와 아이가 이민 가는 경우도 꽤 있었다.

우리집은 아이들을 영어유치원을 보내지 않았던 터라, 최소한 연수는 한 번 보내야 하지 않을까 하고 생각하고 있었다. 하지만 만만치 않은 어학연수 비용이 항상 부담스러운 고민거리였다.

남편과 식탁에서 머리를 맞대고 고민했다. “영어교육이 너무도 중요한데, 이번에 영어학원에서 만든 프로그램이 있다고 해요. 시설이나 관리 면에서는 좋은데 비용이 너무 비싸서 부담스럽기는 해요. 어떡하면 좋을까요?” 남편은 “그래도 부모가 따라갈 수도 없는데 안전한 곳으로 보내야 하지 않을까?”라고 했다. 나는 다시 “그쵸? 교육에는 때가 있다고 생각해요. 이번이 기회인 것 같아요. 3개월이 짧다면 짧지만, 그래도 다녀오면 어느 정도는 효과를 볼 수 있을 것 같아요. 우리가 좀더 절약하면 되지 않겠어요?”라고 했다.

나는 교육에는 반드시 때가 있다고 생각한다. 그래서 비용 마련을 위해 생활비를 최소한으로 아껴 쓰기로 결심했다. ‘내가 조금 더 아껴 쓰면 되지. 내가 하고 싶은 것은 나중에 해도 되고. 세상은 넓고 할 일도 많다는데, 아이들 영어 연수는 지금이 적기인 것 같아.’라고 되뇌었다.

물론 아이들의 의견도 물어봤다.

“주변에 영어 공부를 위해 연수를 다녀온 친구들이 많지? 너도 다녀올 수 있겠니? 마침 좋은 프로그램이 있다는데 생각해 볼래? 그리고 이건 학원에서 만든 수업이랑 체험활동 계획표란다.”

첫째는 신중하게 고민한 후 “네, 갈게요. 가서 열심히 공부하고 오겠습니다.”라고 했고, 둘째는 즉시 씩씩하게 “넵, 잘 다녀오겠습니다! 공부도 하고 친구도 사귀고요.”라고 했다. 같은 부모 밑에서 자란 형제지만, 생각과 대답하는 방법이 참 많이 다르다.

첫째는 그해 겨울방학 때, 둘째는 2년 뒤 여름방학 때 국내 학원이 해외 현지에서 운영하는 영어 스쿨에 보냈다. 총 13주 프로그램이었는데 성과는 충분히 있었다고 생각한다. 영어 실력이 느는 만큼, 영어에 대한 자신감과 자립심을 잘 키운 상태로 돌아왔기 때문이다.

팁을 하나 드리면, 어떤 부모님들은 '수능 영어 영역이 절대평가이니 영어 공부를 별로 안 해도 되겠지.'라고 생각하시는 경우가 있다. 하지만 이것은 착각이다. 고등학교 내신에서 영어 과목의 비중이 매우 높다. 초등학교 때부터 영어를 안 해놓으면 고등학교에 가서 영어 내신 등급을 따느라 고생할 수 있다. 잘하는 애들끼리 경쟁하는 것이기 때문이다(아이들이 어떻게 영어 공부를 했는지는 뒤에서 상세히 다루겠다).

그래, 대치동으로 가자

일단 부딪혀 보자

우리 가족은 맛집을 찾는 데 항상 진심이다. 맛집 블로그, 평점, 지인 추천까지 받아가며 가성비가 높은 식당을 찾아간다. 여러 기준을 모두 통과한 맛집이라면 실패하는 경우가 거의 없다. 때로는 미슐랭 가이드에서 높은 평점을 받은 프리미엄 맛집을 동경하기도 한다. 우리 가족에게 '대치동'은 살아보지 못했지만 가고 싶은 곳, 맛과 서비스에 대한 판타지가 있는 프리미엄 식당 같은 곳이었다.

남편이 이 생소하고 부담스럽고 낯선 고급 레스토랑에 가자고 한 것은 첫째가 초등 6학년 말, 둘째가 초등 3학년 말이었다. 어릴 적부터 '맹모삼천지교(孟母三遷之敎)'라는 말은 늘 들어왔지만, 그것이 우리집 일이 될 줄은 솔직히 몰랐다. 지도교수님이 하신 말씀도 갑자기 생각났다.

"아이들은 좋은 환경에서 키워야 합니다." 그럼에도 불구하고 생각도 못 한 일이라서 몹시 주저하던 나를 실행력 좋은 남편이 설득했다. "이 다음에 혹시라도 후회하지 않으려면, 아이들에게 기회를 줘 보는 것이 어떨까?"

"그래, 일단 가서 부딪혀 보자."

결국 나와 남편은 이렇게 결론을 내렸다. 지금에 와서 생각해 보니 너무 많은 생각과 계획을 세웠더라면 오히려 이사를 하기가 어려웠을 것 같다. 우리의 대치동 생활은 이렇게 시작되었다. 첫째는 중학교 입학 때, 둘째는 초등 4학년 때였다.

우리는 이방인?

대치동 입성 전에 나름대로 미리 정보를 수집한다고는 했지만, 막상 이사를 가려고 하니 두려움과 막막함이 파도처럼 몰려왔다. 아이들에게 좀더 좋은 환경을 만들어 주겠다는 명분 아래 겁없이 용감하게 들어가려는 곳, 바로 대치동 입성을 딱 하루 앞둔 날에 말이다.

준비 없이 들어가는 그곳에서 아이들과 잘 헤쳐나갈 수 있을지 걱정과 함께 "아니, 우리는 잘할 수 있을 거야."라는 말을 되풀이하다가, 결국 다음날 이사를 왔다.

사실 이사가 늦어졌기 때문에, 둘째의 전학일은 이삿날보다 일주일이 빨랐다. 전학하는 날 초등학교 교무실에 들어서자마자 수많은 인파

들로 북새통을 이루는 것을 보았다. 이 아이들이 다 전학을 온 학생들인가? 그랬다!

모두 신학기에 전학을 온 학생들이었다. 어림짐작으로 100명은 넘어 보였다. 다행이었다. 적어도 한 반에 몇 명은 전학을 온 아이들이 있을 것 같았기 때문이다. 우리 애들만 특별해 보이지는 않을 것 같다는 안도감이 들었다. 둘째가 반으로 들어가는 모습을 보고 집으로 돌아왔다.

그날 오후 둘째가 집에 들어오면서 말했다.

"엄마, 친구들이 반에서 서로 영어로 대화를 해요. 학교에 바퀴가 달린 가방을 가져오는 친구들도 있는데 그 안에 책이 가득해요. 여기 친구들은 공부만 하나 봐요!"

첫날부터 적지 않은 문화적 충격을 받은 것으로 보였다. 며칠 후에는 또 이렇게 말했다.

"○○이는 주말에 하루 종일 수학이랑 과학 공부를 한대요. 이곳 친구들은 놀지도 않나 봐요. 다들 공부만 하는지, 동네에 작은 도서관들도 엄청 많아요."

모든 것이 신기한 모양이었다. 이방인이 많았던 대치동에서 우리도 이방인이었다.

일주일 뒤 집 정리가 한창이던 이삿날, 둘째가 "엄마, 저 우리 반 회장에 당선되었어요!"라고 큰소리를 치며 집 안으로 들어왔다. 속으로

'아는 친구도 하나 없는데 어떻게 전학을 오자마자 회장 선거에 출마해서 당선되었지?' 의아하고 신기했지만 자랑스럽고 대견한 마음이 들었고 축하한다는 말과 함께 꼭 안아주었다. 하지만 신기함과 기쁜 맘도 잠시, 어디서부터 무엇을 어떻게 시작해야 할지 두렵기도 했다.

휩쓸리지 않고 우리에게 맞는 메뉴 선택하기

고급 레스토랑에 가면 가장 먼저 겪는 어려움이 메뉴 선택이다. 각 단계마다 선택의 폭이 너무 넓다. 메인 요리를 고기와 생선 중 무엇을 선택해야 하는지부터 시작해서, 그 메인 요리에 잘 맞춰야 제 역할을 할 수 있는 앞의 요리 선정까지 그 어느 단계도 쉽지 않다. 주위를 둘러보면, 다른 가족들은 어른과 아이 모두 익숙한 것처럼 보인다. '저 가족은 애들이 어릴 때부터 이런 곳을 많이 데리고 다녔나 봐.'라고 생각하며 힐끗 쳐다보기도 한다. 직원에게 조심스레 물어보기도 하지만, 그의 추천 코스가 우리의 입맛에 맞을지 확신이 서지 않는다.

우리 가족의 대치동 입성 초기가 이러했다. 하지만 무척 다행스럽게도, 이처럼 긴장되고 어색하고 주위를 둘러보게 되며 확신이 서지 않는 시간을 길게 보내지는 않았다. 아이들이 빠르게 적응했고, 나와 남편은 최대한의 정보력을 동원해서 우리에게 맞는 요리를 선택해 나가기 시작했다. '휩쓸리거나 따라하지 않고, 우리가 좋아하는 메뉴'로 코스를 제법 잘 선택했던 것 같다.

발품 파는 시간이 필요했다

"로마에 가면 로마의 법을 따르라."고 우선 대치동의 분위기를 둘러보았다. 대부분의 아이들이 부모님의 보호 아래서 열심히 공부하고 있었지만, 이런 대치동에도 다양한 공부방법은 존재했다. 학원을 아주 많이 보내는 집도 있었고, 아이들이 감당할 수 있는 수준으로만 보내거나, 매우 드물지만 학원을 거의 보내지 않는 집도 있었다.

나는 우선 집과 가까운 학원을 1순위에 두고, 아이들을 거기에 보내고 지켜보기로 했다. 그리고 아이들의 실력이 오른다면 유동적으로 수업을 조정하거나 학원을 옮겨가기로 마음을 먹었다.

당시 대치동의 많은 초등학생들이 과학 올림피아드나 수학 올림피아드를 준비하고 있었지만, 그 힘든 과정을 하지 않겠다는 둘째 아이에게 굳이 강요하지 않았다. 대신 지금 단계에서의 공부를 열심히 하고, 시간을 내서 필요한 선행학습을 하기로 했다. 원하는 공부가 아니면 역효과를 낼 수 있다고 생각했기 때문이다.

공부와 시험에 대한 정보교환은 아이들 등교 후 카페에서 삼삼오오 마주앉아 있는 어머니들 사이에서 이루어진다. 형제자매가 있는 어머니들은 비교적 정보를 쉽게 얻을 수 있지만, 나처럼 이사를 온 경우는 그 커뮤니티에 바로 낄 수가 없었다.

둘째의 반 회장 당선으로 동급생 학부모님들을 쉽게 접할 수 있었지만, 그렇다고 이제 막 전학 온 내게 고급 정보를 알려주지는 않았다. 결국 나 스스로 하나씩 찾아가는 힘든 과정이 필요했다.

여담으로, 나처럼 낯선 동네로 이사를 왔거나 맞벌이로 바빠서 동네 교육 관련 정보를 어디서부터 어떻게 얻어야 할지 모르겠는 분들을 위해 간단한 팁을 드리겠다. **이른바 동네 교육 관련 정보에 효과적으로 접근하고 발품을 파는 방법이다.** 본격적인 이야기는 '중학생' 편과 '고등학생' 편에서 하겠지만, 여기서 일단 간단히 이야기를 해보겠다.

결과적으로 보니, 인맥이라는 것이 그렇게 중요하지는 않았다. 정말 좋은 인맥이면 괜찮은데, 아니면 오히려 돈은 돈대로 쓰고 결과가 그리 좋지 않을 수도 있다. 그 인맥이 동아줄인지 아닌지에 달린 것인데, 처음에 낯선 동네에 갔거나 잘 모를 때는 그것을 판단하기가 쉽지 않다.

나 또한 이사를 한 후, 그리고 그전에도 사교육을 별로 안 시켰기 때문에 하나도 모르는 상태였으므로, 일단은 큰 학원에 보냈다. 왜냐하면 큰 학원의 경우 시스템이 갖춰져 있으니 큰 실패는 하지 않을 것으로 생각했기 때문이다. 검증이 어느 정도 되어 있고 중간 이상은 갈 거라고 생각했다.

일단은 그렇게 검증된 큰 학원에 보내놓고 시간을 벌고 발품을 팔아야 한다. 내가 하나도 모르는데, 처음부터 내 아이에게 잘 맞는 곳에서 출발할 수는 없다. 그러니 일단 큰 학원에 보내놓고 시간을 벌고 그다음에 학원가에 가서 자료부터 가져와서 꼼꼼히 살펴보는 것이다. 이때 설명회가 큰 도움이 된다.

설명회는 저녁 7시쯤에도 많이 하기 때문에 맞벌이 엄마나 아빠들도 많이 참석한다. 해당 강사가 직접 나와서 자기 강의에 대해 설명하는 것을 들어보면 된다. 설명회를 자꾸 다니다 보면 나중에는 한 10분 정도 들어보면 대충 파악이 되고 나름의 감이 생긴다.

또한 설명회를 가면 강의 계획표를 주는데, 자꾸 보다 보면 보이는 것이 있다. 커리큘럼을 밀도 있게 짰는지 안 짰는지를 알게 된다. 간혹 수강생을 모으기 위해 억지로 커리큘럼을 짜놓은 경우도 있고, 그중에 몇 개만 뽑아서 설명하는 경우도 있는데 별 도움이 안 된다. 남편도 시간이 되면 간혹 한 번씩 따라갔는데, 강사마다의 논리적으로 전달하는 능력의 차이가 보인다고 했다.

또 동네의 평판이라는 것도 있다. 일부러 그런 것은 아니지만, 학원가의 카페에 있다 보면 아이들을 학원에 보내놓고 정보를 교환하는 분들의 얘기들이 들리기도 했다.

하지만 너무 휩쓸려서는 안 된다. 직접 발품을 팔지 않고 지인들한테 물어만 보는 경우 큰 도움이 될 수도 있지만 영 아닐 수도 있기 때문이다.

후배 엄마들이 물어서 그들의 교육계획표를 본 적이 있었는데, 국어와 수학 과목 등의 시간 균형이 안 맞거나, 강의 수준이 안 맞거나, 과외도 아닌 것이 과외인 것처럼 되어 있는 경우들이 있었다.

아이들이 정보를 듣고 오는 경우도 있다. 사실 나중에 우리 아이들에게도 물어보는 친구들이 많았는데 남자아이들은 잘 가르쳐 준다. 다만, 수학의 경우 가르쳐 준 아이와 내 아이의 실력 수준이 너무 다르면 도움이 안 되고, 국어의 경우는 상관없고, 과학은 도움이 되기도 한다.

학원 선택 기준에 하나를 더 추가하면, 강사도 중요하지만 다니는 반의 아이들이다. 서로 경쟁을 하며 거기서 보고 듣고 느끼는 것도 있기 때문에 학원이나 반의 구성원들도 살펴보는 것이 좋다.

노력은 좋은 결과를 맺는다

대치동에 들어온 지 1년, 초등 5학년이 된 둘째가 학기 초에 말을 꺼냈다. "엄마, 저 전교부회장에 출마해도 될까요?" 갑작스러운 말에 나는 자신도 없고 엄두가 나지 않았다. 대치동 실정을 잘 몰라서 걱정되기도 했고 어디서부터 무엇을 도와줘야 할지 막연하기도 했다. 그래서 둘째를 조용히 앉혀두고 물었다.

"네가 전교부회장에 출마하려고 생각한 일은 매우 기특하고 그 용기도 부러워. 하지만 요즘 엄마는 공부하러 연구실에도 가야 해서 신경을 많이 써주기 어려울 것 같은데…. 너의 힘으로 할 수 있겠니?"

둘째는 씩씩하게 말했다. "네, 반 친구들이 도와준다고 했어요. 열심히 해볼게요!" 나는 아이에게 "당선되면 엄마가 무슨 선물을 줄까?"라고 다시 물어봤다. 아이는 조심스럽게 "그러면 제 2G폰을 스마트폰으로 바꿔 주실 수 있으세요?"라고 했다. 4학년 때, 수학 시험 100점을 받으면 당시 유행하던 닌텐도 게임기를 사주겠다고 했더니 정말 처음으로 100점을 받아왔다. 그전까지는 한 번도 수학 100점을 받은 적이 없었기 때문에 그냥 해본 이야기였는데…. 하여튼 나는 그때 아이와의 약속을 지켰다.

목표가 생기면 그것을 이루기 위해 최선을 다하는 아이인 것을 알고 있었기 때문에, 전교부회장이 되기 위한 노력에 걸맞은 정도의 포상은 해줘야 하겠다고 마음을 먹었다.

둘째는 전교부회장과 스마트폰이라는 두 개의 목표를 이루기 위해 정말 열심히 뛰었다. 혼자서 연설문을 쓰고, 홍보 포스터를 만들고, 선거를 도와줄 친구들을 모집하고, 학교 정문 앞에서 유세 운동까지, 그 나이에 힘들었을 많은 일들을 하나씩 잘해 나갔다. 결국 둘째는 전교부회장으로 당선되었고, 우리 부부는 그날 바로 아이와의 약속을 지켰다.

나는 둘째의 당선에 결정적인 영향을 미쳤다고 들은 연설문에 도대체 어떤 내용을 담았는지 궁금해서 물어보았다. 둘째는 학생회를 이끌 리더가 갖추어야 할 자격을 하나씩 설명하고, 전교부회장이 되면 '비빔밥과 같은 학교'로 만들어 보겠다고 했다고 한다. "그런데 비빔밥? 비빔밥은 어떤 의미니?" 하고 다시 물어보았다.

"비빔밥에는 각각의 맛을 내는 여러 재료가 들어가는데, 그중 하나라도 빠지면 맛이 달라진다고 생각했어요. 그래서 각각의 재료들을 잘 선택해서 고추장, 참기름과 밥을 잘 섞으면 맛있는 비빔밥이 완성되는 것처럼, 모든 친구들이 자신의 개성을 살려 중요한 역할을 할 수 있도록 제가 요리사 역할을 하겠다고 했어요."

리더의 역할은 각 구성원의 개성을 존중하면서도 잘 융합해서 하나의 훌륭한 공동체를 이끌어 나가는 것에 있을 텐데, 그 나이에 어떻게 그렇게 기특한 생각을 했는지 신기하고 흐뭇했다. 둘째는 당선 후에 '비빔밥 부회장'이라는 별명을 한동안 달고 다녔다.

초등학생 성장에 좋은 음식

A. 두뇌에 좋은 간식: 캐러멜 호두

뇌가 한창 자라는 시기에는 호두를 많이 먹으면 좋다고 한다. 과자 대신 간식으로 만들어 줄 것은 없을까? 생각난 김에 캐러멜 호두를 만들어 보기로 했다.

호두를 체에 한 번 쳐서 가루를 버리고 끓는 물에 살짝 데친 후, 오븐이나 프라이팬에 살짝 건조시킨다. 설탕, 소금, 미리 만들어 놓은 대추 물을 젓지 않고 그대로 끓인다. 보글보글 끓으면 건조된 호두를 넣고 타기 직전까지 바짝 조린다. 여기에 기름 1T(테이블스푼)를 넣으면 오븐의 철판에 잘 펼쳐지고 윤기도 난다.

이후 오븐 철판에 골고루 펴서 150도에서 20분 정도 뒤집어 가면서 구우면 반짝반짝 별처럼 빛나는 특급 간식이 탄생한다. 기존의 강정처럼 튀기지 않고 오븐에 구웠기 때문에, 오랫동안 보관도 가능해 통에 담아 식탁에 올려두면 아이들이 오다가다 간식으로 먹을 수 있다.

B. 성장에 좋은 음식: 꿩 대신 닭

이 시기에 아이들에게 양질의 단백질을 많이 포함하고 있는 가금류 위주의 요리를 자주 만들어 주었다. 궁중요리를 배운 적이 있는데, 옛날 임금님의 수라상에 꿩고기가 유독 많이 올랐다는 기억이 났기 때문이다. 사실 꿩고기는 구하기가 어렵기 때문에, 대신 닭 요리를 더 많이 해주기는 했지만….

아이들에게 음식을 차려 낼 때 "이 요리는 엄마가 너희들에게 차려 주는 수라상이란다. 옛날 임금님도 드셨던 거야."라고 말하곤 했다. 그러면 아이들이 무척 행복해하며 맛있게 먹었다. 백숙은 기본이고, 안동찜닭, 버터구이 치킨, 치킨 알라킹, 통깨를 듬뿍 넣어 만든 세서미 치킨, 닭 다리 살로 만든 유린기 등도 자주 해주었다.

그중에서 유린기는 중식 샐러드 중 하나로 아이들이 무척 좋아했다. 재료만 미리 준비해 두면 언제든지 바로 차려 낼 수 있는 요리이기도 하다.

우선 닭 다리 살을 간장과 술, 후추에 재워두고, 양상추 등의 채소도 손질해 둔다. 육수에 설탕, 간장, 식초, 굴소스, 청주, 참기름, 레몬즙을 많이 넣고 대파, 청양고추, 홍고추를 다지고 통깨를 넣어 버무려 소스도 만들어 둔다. 양념에 재워둔 닭고기는 튀김가루나 빵가루, 찹쌀가루 등에 묻혀 튀긴 후 돈가스처럼 자른다. 접시 바닥에 깐 샐러드 위에 치킨을 올리고 그 위에 소스를 뿌려주면 완성이다.

C. 회장의 음식: 고기 비빔밥

둘째의 임원 선거에서 큰 역할을 차지했던 것이 비빔밥이다. 이 시기의 아이들은 채소보다 고기를 좋아한다. 채소와 나물만 가득한 비빔밥을 좋아하는 아이는 거의 없다. 그래서 재료를 색깔에 맞게 예쁘게 배치하고, 맨 위 보이는 곳에는 고기를 듬뿍 올린다.

양념장은 고추장, 다진 고기, 으깬 두부, 그리고 달달한 맛을 내는 대추고를 넣은 것을 볶아서 만들어 놓은 것을 쓴다. 마지막으로 참기름 듬뿍, 통깨 솔솔 뿌려 한 그릇 내어 놓으면 아이들이 순식간에 뚝딱 해치우는 비빔밥이 된다.

남은 비빔밥 재료가 있으면 밀전병을 얇게 부쳐 구절판을 만들어도 되고, 단무지와 햄을 추가해서 맛있는 김밥을 만들어도 좋다. 과일과 새우를 추가하면 월남쌈의 재료가 되고, 날치알과 깻잎이 있으면 함께 날치알 깻잎말이의 재료가 되기도 한다.

3장

[애피타이저 2]

중학생 맘이었던 내가 지금의 중학생 맘에게

어떻게 선행도 안 하고 대치동으로 들어왔어요?

처음부터 밟아가기로 했다

공부에 가장 중요한 시기, 중학교가 1순위입니다

중학교 과정은 고등학교라는 메인 요리를 잘 먹을 수 있도록 다양한 애피타이저를 정확한 타이밍에 딱 필요한 양만큼 먹어야 하는 시기로 볼 수 있다.

애피타이저는 지나가는 음식으로 볼 수도 있지만, 메인 요리의 풍미를 극대화할 수 있는 중요한 이전 단계에 존재한다. 그래서 메인 요리보다 더 종류가 많다. 메인 요리를 잘 먹기 위해서는 샐러드, 수프 등 입맛을 달래는 간단한 요리까지 잘 선택해야 하고 먹는 속도마저 조절해야 하기 때문에, 어느 것 하나 중요하지 않은 것이 없다.

지나고 보니, 중학교 시절을 매우 바쁘고 소중하게 효과적으로 보낸 아이들이 고등학교 혹은 그 이후에 자신의 목표를 제대로 이루어내고 있었다. 그래서 "아이들 공부에 어느 시기가 가장 중요한가요?"라는 질문을 받으면, 나는 주저 없이 "중학교가 1순위입니다."라고 대답한다.

처음부터 차근하게 밟아가기로 했다

이사를 오자마자 가장 먼저 한 일은 두 아이의 학원을 선택하는 것이었다. 이사를 오기 전에 살던 동네에서 대치동으로 학원을 보내는 분들께 물어보았고, 대치동에서 살고 있는 대학원 선배에게도 조언을 구했다. 하지만 막상 와서 보니, 대한민국에 있는 학원을 모두 모아놓은 듯 너무나 다양한 종류와 수준의 학원이 존재하고 있었다.

대한민국의 교육 1번지. 이 많은 학원들 중에서 아이에게 맞는 것을 선택하는 것은 초보 대치맘인 나에게는 너무나 어려운 일이었다. 수많은 정보를 모으는 것도 힘들었지만, 그중에서 하나를 선택하는 것은 더 난이도가 높았다. 그리고 선택 후에는 그 선택이 과연 옳은 것인가, 아이를 위한 최선의 선택일까 하는 의문이 생겼다.

처음으로 용기를 내어 집에서 가까운 수학학원의 문을 두드렸다. "학원 수업에 아이를 등록하고 싶은데 어떻게 하면 되나요?"라고 조심스레 물었는데, 데스크에 있는 분이 "테스트는 받으셨나요? 선행학습은 어디까지 하셨나요?"라며 건성으로 답을 했다.

나는 일단 그 질문 자체에 기가 죽었다. "최근에 이사를 왔는데 선행은 많이 못했어요."라며 기어들어가는 목소리로 말했다.

"거기서는 무슨 학원을 다녔나요?" 내가 이전에 살던 동네에서 다닌 작은 학원의 이름을 말했더니, 듣지도 보지도 못한 학원이라며 한심하다는 듯이 나의 아래위를 훑어보았다. 그리고 데스크에 같이 앉아 있던 실장님이 "선행이 안 되어 있으니 처음 단계 반으로 들어가세요."라고 했다. 정작, 우리 아이가 어느 정도 수준의 공부를 할 수 있는지 확인도 하지 않고 말이다.

그런데 이것이 시작이었다. 과목별로 이 학원 저 학원을 방문하게 된 아이들과 나는 도대체 선행도 안 하고 겁없이 대치동으로 들어왔냐는 무시를 당하는 게 점점 일상이 되어가고 있었다. 지금 같으면 '그러든지 말든지' 하겠지만, 그때는 딱히 반박도 못하고 학원의 판단에 끌려가고 있었다.

특별히 다른 대안이 없던 우리는 우선 모든 것을 내려놓고 처음부터 다시 시작하기로 했다. 대부분 학원의 초급반으로 입학했다.

그런데 지금에 와서 생각해 보니 오히려 이것이 다행이었다는 생각이 든다. 실력을 쉬운 단계에서부터 차근히 단단하게 다져서 올라올 수 있었기 때문이다.

점핑, 점핑!

가장 낮은 반에서 시작해 최고 레벨로

첫째는 중학교에 입학할 때 대치동으로 이사를 왔기 때문에, 학기 초에는 알고 있는 친구가 없었다. 조용조용하고 친구에게 쉽게 말을 거는 성격도 아니어서 학원과 학교만 오가다 보니 어느새 4월 첫 중간고사 기간이 되었다.

시험을 열심히 마치고 며칠 뒤, "엄마, 저 성적 나왔어요!"라며 내민 성적표에는 반에서 9등이라고 적혀 있었다. 얼마나 기쁘던지 꼭 안아주었다.

나중에 어떤 분들이 아이의 성적을 물어보기에 말해주고는 안고 기뻐해 줬다는 이야기를 했더니 좀 의아해 하는 분들도 있었다. 아마 반에서 9등인데 그렇게 기뻐하고 칭찬을 했다는 것이 좀 그랬던 모양이다. 하지만 나는 선행도 제대로 하지 않은 첫째가 대치동의 중학교에서 반에서 9등을 했다는 것만으로도 신기했고, 이제는 할 수 있겠다는 희망도 보았다. 중학교 시험은 선행학습을 테스트하는 것이 아니기 때문에, 이때부터 열심히만 하면 된다는 자신감을 갖기 시작했다.

모든 것이 낯설고 어색했을 텐데, 이런 성적을 거둔 것이 기특했다. 대치동에는 이미 자기 학년의 공부가 거의 완성되어 있는 아이들이 많았지만 크게 신경쓰지 않고, 아이의 실력을 어떻게 하면 향상시킬 수 있을지를 고민하기 시작했다.

이때쯤 우리도 아이들이 가게 될 대학을 상상해 보았다. 당시 대치동의 수재들이 원했던 의과대학에도 관심이 없지는 않았지만, 우리 아이들과는 상당히 먼 일일 것이라고 생각했다. 서울의 좋은 공과대학에 갈 수 있었으면 하는 생각 정도를 한 것 같다. 그러했기에 기죽지 않고 열심히 노력해서 소중한 성과를 이룬 아이가 자랑스러웠다. 또래 최상위권 아이들과 비교조차 하지 않았다. 그냥 내가 도와줄 수 있는 것에 최선을 다해야겠다고 생각했다.

빠르게 제자리를 찾아가는 아이

중학교 1학년, 첫째가 대치동으로 이사 와서 다니고 있던 학원에서 한 달 만에 연락이 왔다. "수업시간 세 시간 중에서 절반은 쉬고 있으니 윗반으로 올라가는 게 좋겠습니다." 그다음 달도 같은 전화를 받았다.

첫째가 특출나서가 아니라 워낙 맨 아랫반부터 시작했으니 어쩌면 당연한 결과였는지도 모른다. 아이는 예상보다 빠르게 제자리를 찾아가고 있었다.

드디어 학원을 옮겨야 할 때라는 생각이 들었고, 당시 수학 경시로 유명하던 학원으로 옮겼다. 하지만 이곳 학생들의 실력은 이전 학원의 학생들보다 확연히 높았다. 우리는 다시 가장 낮은 수준의 반에서 출발했다.

단계가 낮은 것만이 문제가 아니었다. 이곳에서 공부해 왔던 학생들과의 선행 격차가 너무 컸기 때문이다. 이 격차를 따라잡기 위해서는 방학을 이용할 수밖에 없었고, 첫째는 난생처음 공부로 방학을 보낼 수밖에 없었다. 오전과 오후 모두 수학 특강으로 공부하는 일정이었다.

사실 수학 실력을 올리는 것은 쉬운 일이 아니다. 내성적이고 꼼꼼한 첫째는 제대로 학습한 것은 빈틈없이 알게 되지만, 그 수준에 이르기까지는 시간이 꽤 오래 걸렸다. 그래서 어떻게 하면 속도를 조금이나마 올릴 수 있을지를 고민하기 시작했다.

우선 학원 선생님께 중복되는 문제 풀이는 피하고, 다음 단계 진도를 위주로 지도해 달라고 부탁을 드렸다. 의외로 이 방식의 효과가 컸다. 예습을 하면서 수업시간에 복습도 할 수 있었기 때문에 더 빠른 시간 안에 실력을 쌓을 수 있었던 것이다.

물론 이 과정이 무척 힘들었지만, 첫째는 고맙게도 6개월 동안 여러 단계를 넘어 결국 제대로 된 자기 자리를 찾아갔다. 이 시기에 첫째는 그야말로 도약에 도약을 거듭했던 것이다.

본격적인 레이스를 시작하다

어느덧 선택의 순간이 왔다. 본격적으로 경쟁의 무대에 뛰어들 것인가, 아니면 워밍업을 좀더 할 것인가?

아주 어릴 때부터 단련된 똑똑한 대치동 아이들 사이에서 과연 어디까지 갈 수 있을까? 우리는 늦게 시작했고, 아직도 길을 잘 못 찾고 있는 것 같다는 등의 고민이 머리를 가득 채웠다. 더 많은 어머니들을 만나고 더 많은 학원에 가서 상담을 받기 시작했다.

알아보니, 대치동의 똑똑한 아이들은 과학고나 영재고를 목표로 이미 초등학교 때부터 철저하게 준비하고 있었다. 놀랍게도, 영어는 초등학교 때 이미 수능 1등급 수준에 도달한다고 했다. 솔직히 처음에는 이 도깨비 같은 이야기를 듣고도 믿기 어려웠다.

첫째는 대치동에 늦게 들어왔기에 과학고나 영재고는 선택지에서 빠르게 제외했다. 대신 영어와 수학 공부를 착실하게 하기로 했다.

영어 공부는 시간이 많이 걸리고 언어적인 감각도 중요하다. 그래서 착실히 내신에 집중했다.

대신 수학은 열심히 하면 빠르게 따라잡을 수도 있겠다는 생각이 들었다. 여름방학과 겨울방학에 수학 공부를 집중적으로 하기로 했다. 그래서 첫째는 중학교 방학 생활을 매번 수학과의 씨름으로 보냈다.

중학교 3학년 2학기가 되자, 첫째는 드디어 대치동에서 들어가지 못하는 레벨의 수학학원이 없게 되었다. 노력은 결코 배신하지 않는다는 것이 증명되는 시점이었다.

지나고 보니, 수학은 아이의 실력에 맞는 반에 들어가서 하나씩 단계를 올려간 것이 좋았던 것 같다. 남들의 시선을 신경쓰느라 무리하게 레벨을 올려서 수업을 받게 되면 오히려 기초가 흔들리고 수업에 대한 흥미와 자신감을 동시에 잃게 되기 때문이다.

중3 겨울방학, 촘촘한 계획과 공부

중학교 3학년 겨울방학 때, 대치동 아이들은 고등학교 3학년에 올라가는 시기에 못지않게 극도의 긴장감을 보인다. 부모도 마찬가지겠지만, 학생들의 스트레스 지수는 이때가 고등학교 3학년 때를 추월하기도 한다. 중학교와 고등학교의 학습량은 엄청나게 차이가 나기 때문에 미리 준비해야 하는 과정이 힘들 수밖에 없는 것이다.

사실 고등학교는 학교마다 선택 과목이 다르고, 각 과목마다 내신 시험의 난이도도 다르기 때문에 중학교 3학년 겨울방학 때 제대로 미리 공부하는 것이 쉽지 않다. 할 것이 너무 많아 24시간도 모자랄 지경이다. 때로는 캄캄한 밤바다에서 물고기를 잡는 기분이 들기도 하는 시기이다.

자립형 사립고를 가기로 한 아이들도 이 시기에는 정신적으로나 체력적으로 많이 힘들어 했다. 우리집은 이 시기의 불안감을 없애기 위해 중학교 3학년 겨울방학의 공부계획을 오히려 촘촘히 짰다. 그냥 공부의 바다에 푹 빠져서 12월, 1월, 그리고 2월을 보내는 것이 훨씬 더 마음을 편하게 해준다고 믿었기 때문이다. 고민할 시간이 없다. '아차' 하면 시간은 '휙' 하고 지나가 버리기 때문이다.

우리는 이처럼 중학교 3학년 겨울방학의 공부계획을 촘촘하게 잘 세운 후 흔들림 없이 실천해 나가기로 했다. 학원과 강사는 이미 정했기 때문에 더 나은 것을 찾으려고 방황하지 않았다. 왜냐하면 대치동 최고의 강사는 고등학교 3학년 혹은 N수생 수업만을 하기 때문이다.

사실 대치동에서 3년 이상 수업하신 강사라면 이미 검증된 분이기 때문에 그대로 믿고 따라도 된다. 대치동 1타 강사들도 누구나 초보 시절이 있었듯이, 지금 아이가 수업을 받고 있는 강사가 어쩌면 몇 년 뒤에 대단한 분이 될 수도 있다는 믿음을 가졌다.

지금 전국적으로 유명한 강사 중에 초보 시절에 작은 학원에서 우리 아이들을 가르친 분들도 있다. 물론 그분들은 당시에도 열정적으로 훌륭한 수업을 해주셨다.

실제로 둘째가 중학교 3학년일 때, 수학 강사님은 대치동에서 처음 강의하는 분이었다. 검증의 시간이 필요했지만 최고 학부의 수학교육과를 졸업한 분이라 믿고 지켜보기로 했다. 당시 수강생은 단 두 명뿐이었다. 하지만 자료 준비를 너무 열심히 하셨을 뿐만 아니라 마치 외삼촌처럼 자상하게 가르쳐 주셨다. 결과적으로 그때 같이 공부했던 친구도 최고 학부에 합격하여 둘째와 함께 인사를 드리러 다녀오기도 했다. 이름난 강사만을 쫓아다니기보다는 잘 지켜보면서 믿고 맡기는 것도 도움이 된다.

하지만 아무리 훌륭한 선생님도 100%를 채워줄 수 없기 때문에 완성도를 높이는 데는 아이의 절실한 노력이 반드시 필요하다.

내 경험이기는 하지만, 물론 개인별로 부족한 과목에도 차이가 있겠지만, 이과 분야를 가려는 학생이라면 중학교 3학년 겨울방학 때 공부 시간을 수학 50%, 국어 20%, 영어 10%, 과학탐구 두 과목 각각 10%씩 정도로 배분하면 좋을 것 같다. 고등학교 1학년 1학기 첫 중간고사는 아이들의 자신감과 향후 성적에 많은 영향을 미친다. 그래서 중학교 3학년 겨울방학이 중요한 것이다.

식탁에서 아빠와 함께하는 국어 독해력

단 4개월 만에 독해력이 일취월장

대학 입시는 국영수, 과학탐구(사회탐구) 등 모든 과목을 골고루 잘해야 한다. 한 과목이라도 놓치면 안 된다. 특히 의과대학은 문과와 이과 성향을 반반씩 가지고 있는 아이들이 오히려 유리하다. 어렸을 때 예체능부터 시작해서 다방면으로 상식을 많이 가지고 있는 아이들이 굉장히 유리한 것이다.

수능 영어 영역이 절대평가로 바뀌면서 변별력 확보를 위해 국어 영역이 갑자기 어려워졌다. 여기서는 가정에서 아이의 국어 독해력을 키우는 방법을 소개하겠다.

우리집은 이것을 첫째가 재수할 때 했는데, 실제로 해보니 너무 효과가 좋았다. 우리는 뒤늦게 했지만, 막상 해보니 이 활동은 중학교 3학년 즈음 하는 것이 좋을 것 같아서 '중학생' 편에 싣게 되었으니 감안하고 읽어주셨으면 한다. 또한 중학생, 또는 초등학생일 경우 이 방법을 어떻게 활용할 수 있을지에 대해서도 얘기했으니 참고하기 바란다.

국어 독해력 왜, 무엇을 했는가?

앞에서도 말했듯이, 첫째는 고등학교 때 수학 과목은 특출나게 잘했지만 영어와 국어 과목을 좀 힘들어 했다. 재수를 할 때도 수능 국어 영역을 매우 부담스러워 했다. 그래서 아빠가 함께 국어 독해력을 높여보면 어떻겠냐고 제안을 했다. 학원에서 문제 푸는 스킬을 가르쳐 주기는 하지만, 이보다는 기본 독해력을 좀더 높이는 게 필요할 것 같았기 때문이다. 아이는 아빠의 제안을 받아들였다.

토요일 아침 9시에 아빠와 아이가 식탁에 마주앉았다. 수능 국어 영역의 문제는 지문이 너무 길기 때문에, 고득점의 관건은 지문과 문제를 얼마나 빠르고 정확하게 해석하는가에 달려 있다고 결론을 내렸다.

일단 읽는 체력을 키우기 위해 독해력 연습을 하기로 했는데, 이때 어떤 텍스트를 가지고 할지가 문제였다. 수능 국어 영역의 문제를 풀 때, 지문이나 문제에 등장하는 여러 용어나 배경지식을 알고 푸는 것과, 모르고 푸는 것은 차이가 클 수밖에 없다. 우리는 독해력을 높이기 위한 연습을 경제신문의 사설을 가지고 하기로 했다.

경제신문의 사설을 선택한 이유는 우선 글이 정제되어 있고 논리적이며, 또한 정치적 편향성이 좀 적은 경향이 있었기 때문이다.

게다가 수능 국어 영역에는 경제 문제가 몇 해 걸러서 한 번씩 나오는데, 아이들에게는 경제용어가 어려울 수밖에 없다. 그리고 경제의 경우 주가나 환율, 금리 같은 것들이 다 연결되어 있으므로, 단순히 경제용어를 안다고 해서 그 흐름을 이해하기가 쉽지 않다.

물론 철학, 경제, 문화, 역사, 법 등 각 섹터별로 구성되어 있는 수능 국어 독해력 문제집을 선택할 수도 있었지만, 사실 경제신문 사설에는 대부분의 굵직한 이슈들이 녹아들어 있다. 게다가 아이가 따로 수능 대비 문제집에서 다양한 분야의 지문을 접할 것이기에, 이번에는 한 분야를 깊게 파보기로 했다.

어려운 경제 텍스트를 읽으며 독해력을 키우면, 웬만한 수능 국어 지문은 수월하게 읽어낼 수 있는 능력이 키워질 수 있다고 생각했던 것이다. 하나를 제대로 해내면 다른 것들은 좀 수월하게 할 수 있는 법이다.

어떻게 했는가?

경제신문에는 하루에 사설이 세 개 나온다. 우리는 일주일에 한 번 토요일 아침 9시부터 약 2시간쯤 일주일치인 15개의 사설을 가지고 했다. 약 4개월 동안 했고 다음과 같은 방법으로 읽어 나갔다.

1. 처음에는 아이가 사설을 하나 읽어보고, 모르는 부분을 질문했다.

경제신문의 사설이다 보니 모르는 경제용어가 많았기 때문이다. 아이가 질문을 하면, 먼저 경제용어를 설명하고 용어 간의 관계에 대해 얘기해 주었다. 이를테면 환율이 무엇인지 용어를 설명해 주고, 환율이 우리나라 경제, 금리, 주가, 부동산 가격 등과 어떻게 영향을 주고받는지를 논리적으로 설명해 주는 식이다.

2. 아이가 사설을 문단별로 읽고 요약하여 아빠에게 설명한다.

   처음에는 아이가 당연히 설명을 잘하지 못했다. 경제용어도 잘 모르고 배경지식도 부족하니, 그 사설에서 무엇이 중요한지를 잘 못 찾고 그럴 수밖에 없었다. 그러면 아빠와 함께 그 사설을 쓴 사람은 무엇을 강조하고 있는지, 그 논리적 연결고리를 찾아보았다.

3. 그런 다음 다시 아이가 아빠에게 그 사설에 대해 간추려서 1분 정도쯤 설명한다.

   처음에는 서툴렀지만, 이렇게 매주 2시간씩 사설을 읽고 요약하고 설명하는 활동을 하자 독해 실력이 높아지기 시작했다.

4. 이제 사설 한 개를 통으로 읽고 주제를 간단히 요약해서 아빠에게 설명하게 했다. 아이는 곧잘 하게 되었다. 이렇게 읽는 속도를 점점 높여갔다.

   "사설을 1분 만에 읽고 약 30초 동안 설명해 줘."

5. 나중에는 사설 하나를 30초에 읽고, 10초에 요약 설명을 할 수 있는 수준이 되었다.

이렇게 독해력 연습을 4개월 했는데, 아이의 글을 읽는 속도와 파악하는 능력, 요약 능력이 일취월장했다. 부모와 함께 경제신문 사설 읽기는 수능 국어 영역의 비문학 문제를 푸는 데도 큰 도움이 된다.

그해의 수능 국어 영역은 난이도가 무척 높았다. 그럼에도 불구하고 국어를 힘들어 했던 첫째가 수능 국어 영역에서 1등급은 물론이고, 백분위 점수가 100%에 달할 정도로 무척 잘 봤다.

밀도 높은 독해력 연습의 효과

사실 남편도 첫째와 함께 국어 독해력 연습을 하면서 그 효과에 놀랐다고 한다. 아이가 초등학교 때 책을 많이 읽기는 했지만, 고작 4개월을 일주일에 2시간 정도씩 했을 뿐인데도 글을 읽는 실력이 한 단계 도약하는 것을 느꼈다고 한다.

또한 남편은 그 시간이 둘이서 하는 게임 같았고 대화의 시간이었다고 한다.

토요일 오전에 2시간씩 시간을 내어 하는 것이 남편도 아이도 쉽지 않았겠지만, 유아, 초등 때부터 시간을 함께하며 대화를 많이 한 덕분에 커서도 머리를 맞대고 같이 읽고 서로 대화를 하는 것이 가능했던 것 같다.

공부라는 측면에서 보면, 아이들의 문해력, 독해력은 코칭이 좀 필요하다. 학원에 가서 국어를 배우면 틀을 가지고 문제를 푸는 기술을 익히기는 하지만, 이는 문제를 푸는 기술을 익히는 정도에 머물 수 있다.

반면 부모에게 아이가 읽었던 것을 설명하게 하면 독해력이 밀도 있게 높아지게 된다.

이러한 문해력 향상은 단순히 국어뿐만 아니라 다른 과목의 공부력을 높이고, 장차 직업을 가지고 일을 할 때도 여러 이슈를 논리적으로 해석하고 해결하는 데 큰 도움이 될 것이다.

초중생이 부모와 쉽게 연습하는 법

수능은 많은 과목을 보지 않기 때문에 과목 하나하나가 중요하다. 하지만 제도가 여러 번 바뀌면서 국어의 중요도가 점점 커지고 있다. 2028년 대학 입시 개편안을 봐도 마찬가지다.

국어는 언어적 감각을 필요로 하기에 어느 정도 타고나는 역량의 차이가 있는 것 같다. 그렇기 때문에 무조건 문제를 많이 푸는 것만으로 실력을 올리는 것에는 한계가 있다.

남편과 첫째가 함께한 독해력 연습을 여러분도 자녀와 함께 해보셨으면 한다. 고등학교 3학년 때는 시간이 없어서 쉽지 않기 때문에 좀더 이른 시기, 그러니까 중학교 3학년 때쯤 해보면 어떨까 싶다.

여기서는 경제신문의 사설을 예로 들었지만, 반드시 무거운 경제 글로 시작하지 않아도 된다. 부모와 아이가 부담없이 할 수 있는 것, 좋아하는 것으로 시작하여 차차 영역을 넓혀가는 것도 좋은 방법이다.

사실 문해력은 하루아침에 길러지는 것이 아니다. 부모님이 여력이 되신다면, 초등학교 5~6학년, 중학교 1~2학년에 워밍업으로 어린이신문이나 잡지의 논설이나 에세이 같은 것으로, 일주일에 딱 한 번 시간을 내어 2시간 정도 하면 매우 좋을 것 같다.

중요한 것은 부모와 함께 호흡하며 글을 읽고 대화를 함으로써 독해력을 꼼꼼하게 쌓을 수 있다는 것이다. 어떤 텍스트로 하든, 정제된 텍스트라면 효과가 있을 것이라고 생각한다.

누구에게나 찾아오는 사춘기

빨리 지나가게 하는 방법

초등학교 고학년부터 중학교, 고등학교를 합하면 10년 정도 된다. 이 기간 동안 형성된 습관과 노력이 앞으로의 인생을 좌우한다는 것에는 누구도 의문이 없을 것이다. 그래서 더 나은 미래를 만들기 위해 한 걸음씩 나아가고 있는 아이들에게 많은 칭찬과 격려를 해주어야 한다.

그런데 아무리 착실한 생활을 하는 아이들이라 해도 피할 수 없는 것이 중학교 때에 찾아오는 사춘기이다. 이성에 부쩍 관심을 가지거나 예전에 관심이 덜했던 컴퓨터 게임에 푹 빠지기도 하고, 갑자기 반항도 한다. 그렇게 사랑스러웠던 아이가 전혀 딴사람처럼 보이는 시기이기도 하다. 그래서 "사춘기가 없다면 아마 대학 가는 결과가 많이 달라질 것"이란 이야기를 하기도 하는 것이다.

침묵의 힘이 더 강하다

우리 아이들도 예외가 아니었다. 사소한 일에 과민한 반응을 보이고, 그 전에는 전혀 관심도 없었던 외모에 부쩍 신경을 쓰기도 했다. 중학교 시기가 너무 소중하다고 생각했던 나는 속이 타들어 갔다. 사춘기를 겪는 아이들만큼이나 나도 많이 예민해졌다.

하지만 도를 닦는 심정으로 감정을 꾹 누르고 어르고 달래서 최대한 비위를 맞춰 주려고 했다. 이 시기에는 어차피 쌍방향 대화가 어렵다. 한쪽이 양보를 해야 한다. 당연히 엄마인 내가 양보하는 쪽을 택했다.

"남자아이들은 키가 엄마 키를 넘어가면서부터는 엄마 말을 안 듣는다."는 얘기가 있다. 일단 이 시기에는 자기보다 작은 사람의 말을 잘 안 듣는다고 한다.

그러다 보니 사춘기 때 아이와 싸우면 부모만 좀 우습게 되는 것 같다. 우리 아이들이 아주 어렸을 때, 주변에서 사춘기 남자아이가 엄마랑 싸우다가 훅 치니 엄마가 나가떨어졌다는 이야기를 들은 적이 있다. 그래서 사춘기 때 아이들과 절대 싸우면 안 되겠다는 생각을 하게 되었고, 그런 빌미를 안 만들려고 노력했다.

아이들에게도 스스로 생각할 시간을 주는 것이 필요하다. 부모에게 듣는 훈계나 잔소리는 역효과가 날 수 있다. 때로는 침묵의 힘이 더 강하다는 것을 기억했으면 한다.

자리를 피하는 게 상책이다

사춘기가 되면 아이들이 끝도 없이 시비를 걸기도 한다. 말도 안 되는 것을 말꼬리를 잡고 늘어지고, 이상한 논리로 우겨대고, 그래서 엄마가 말을 안 하면 이번에는 말을 안 하고 자기를 무시한다며 화를 낸다.

이럴 때는 살짝 대응해 주다가 슬쩍 자리를 피하는 것이 상책이라는 것을 다행히도 빨리 깨달았다. 계속 맞서면 결국 어느 쪽이 화를 내야만 그 대화가 끝나기 때문이다. "엄마 시장 갔다올게.", "엄마 책 사러 가야 되는데.", "잠깐 학원에 가서 결제하고 올게." 등 구실을 만들어서 자리를 피했다.

엄마들한테 하고 싶은 이야기는 사춘기 애들과 싸워봤자 백해무익이라는 것이다. 무조건 부모가 참아야 한다. 이렇게 말했더니 어떤 후배는 "왜요? 왜 엄마가 참아야 돼요?"라고 했다. 그에 대해 "우리는 부모잖아요."라고 대답했다. 사춘기 아이와 싸워봤자 내 맘도 속상하고, 아이 맘도 속상하고, 몇 날 며칠을 풀릴 때까지 공부도 안 되고 서로 씩씩거릴테니 말이다.

중고등학교 때는 아이들과 될 수 있으면, 진짜 아닌 것이 아니면 그냥 100% 참거나 피하는 것이 상책이다. 그래야 아이들과 관계가 나빠지지 않는다.

그렇게 하다보면 신기하게도 사춘기가 언제 그랬냐는 듯이 갑자기 휙 하고 지나가 버린다. 그러니 아이들과 소모적인 논쟁으로 이 시기를 보낼 필요가 없다.

사춘기가 빨리 지나가게 하려면

사춘기를 수월하게 넘긴 아이들과 아닌 아이들의 입시 결과가 꽤 다를 수밖에 없다. 사춘기는 잘 관리만 하면 생각보다 짧게 지나갈 수 있다. 이 시기를 아이들과 싸우느라고 놓치면 안 된다. 부모가 참고 기다리고 인내하고, 아이들에게 되도록 맞춰 주어야 한다.

아이들이 모를 것 같지만, 스스로 자기가 잘못한 것을 안다. 우리 아이들도 사춘기를 1년 정도씩은 겪었는데 큰 사건은 없었다. 사춘기 때 예민하게 굴기도 했지만, 워낙 운동을 좋아하고 많이 해서인지 오히려 좀 가볍게 지나간 것 아닌가 싶기도 하다. 그래서 초등학생 때부터 운동을 꾸준히 하는 것이 더욱 중요한 것이다.

이 시기의 아이들은 체력을 바닥까지 쓰기 때문에 건강을 잘 챙겨줘야 한다. 학교에서 돌아와서 현관문을 열고 들어서자마자 너무 졸린다며 거실에서 뻗어 자는 아들을 여러 번 본 적이 있다. 먹성이 좋아진 아이들에게 엄마가 만든 새롭고 맛있는 음식은 영양제 역할을 대신하기도 한다. 나와 사춘기 두 아들 사이에는 음식이 절묘하게 윤활유처럼 자리를 잡았다.

중학생 부모님에게 드리는 세 가지 팁

사춘기 & 내게 맞는 공부법 & 스트레스 해소법

앞에서 한 얘기를 정리해 보겠다. 중학생 부모님이 반드시 기억해야 할 세 가지 조언이다.

우선 **중학교 때는 사춘기를 잘 보내는 것이 가장 중요하다.** 아이가 사춘기이고 바쁜 시기이니 부모가 인내해야 한다.

두 번째는 "고등학교에 가서 잘하면 되지."라고 하는 사람들이 있는데, 그렇지 않다. 고등학생이 되면 실전이 코앞이고 너무 바쁘니, **중학교 때 올바른 공부습관을 잘 형성해 놓아야 한다.** "내가 어떤 방식으로 공부를 했더니 성과가 잘 오르는구나.", 즉 자기에게 맞는 공부습관과 학습법을 찾아서 만들어 놓아야 고등학교에서 본 게임에 잘 올라탈 수 있다.

앞에서도 말했듯이 초등학교 때는 눈싸움을 하다가, 중학교 때는 눈덩이를 하나하나 굴려가는 것이고, 고등학교 때는 중학교 때 만들어진 공부량으로 눈덩이를 키워가는 것이다.

따라서 중학교 때의 공부량도 만만치 않다. 수학, 과학 등의 선행도 해야 하고, 영어 공부도 해야 되며, 중간고사, 기말고사도 봐야 하기 때문이다. 중학교 때 집중해서 공부량을 최대한 늘려야 하는데, 특히 수학 공부를 가장 많이 해야 되는 시기이다.

마지막으로 **고등학교 때 가서 공부 스트레스를 풀 수 있는 것을 미리 마련해 두는 것이 좋다.** 이것은 고등학교에 가서는 할 수 없다. 이를테면 우리 아이들의 경우는 그것이 운동과 음악이었다. 중학교 때 둘 다 태권도를 했고, 덧붙여 둘째는 축구와 농구도 무척 열심히 했으며, 첫째는 피아노를 쳤다. 이렇게 스트레스를 풀 수 있는 것을 좀 준비해 두면, 고등학교에 올라가서도 멘탈이 흔들리지 않고 꾸준히 하는 데 도움이 된다.

'운동시키는 정신과 의사'로 잘 알려진 미국 하버드 의대 존 레이티 교수는 뇌 기능과 운동의 효과를 연구해 왔다. 그는 운동을 하면 뇌에서 세로토닌과 도파민 같은 물질이 나와서 뇌가 활성화되고 조절 능력이 좋아지며 불안감이 줄어든다고 한다. 결국 운동을 하게 되면 두뇌 기능을 증진시켜 학습 효율을 높인다는 것이다.

일반적으로 아이가 중고등학교 때 운동을 하면 힘들고 지쳐서 공부를 하지 못하게 될 거라고 생각하고, 학년이 올라갈수록 그만두게 하는 경우가 많은데, 이 이야기를 다시 한 번 생각해 보는 기회로 삼으면 어떨까 싶다.

중학생 부모님들이 많이 물어보는 것

중학생 부모님들은 고등학교 선택에 대해서 많이 물어본다. 고등학교 선택에 따라서 공부의 방향도 달라야 하기 때문이다.

아이가 공부를 잘하는데도 지역균형 전형을 위해 농어촌 지역의 고등학교로 보낼까를 고민하는 분들도 있었다. 하지만 내 생각은 좀 다르다. 어디든 그 동네에 특화된 아주 잘하는 아이들이 있기 마련이다. 거기에 가서 반드시 전교 1등을 한다는 보장은 없다고 생각한다.

과학고나 영재고, 자사고를 보낼까, 아니면 일반고를 보낼까를 고민하는 분들도 많다. 이것은 아이에 따라 다른 것 같다.

자기주도학습 습관이 되어 있는 아이들은 과학고나 영재고 같은 곳으로 가는 것이 더 나을 수도 있다. 이런 아이들은 어차피 스스로 공부하고, 중학교 때까지 거의 실력을 만들어서 고등학교에 올라가기 때문에 별로 손해가 없다.

반면 어릴 때부터 사교육에 많이 의존하는 아이들 중에는 사교육을 받지 못하게 되면 성적이 뚝 떨어지는 경우도 있다. 그런데 과학고나 영재고, 특목고 중에는 기숙사 생활을 하여 사교육을 시키기가 쉽지 않은 곳이 많다. 이런 아이들의 경우 동네에 있는 고등학교를 보내면서 학원을 다닐 수 있게 하는 것이 성적을 유지할 수 있는 방법이 될 수 있다.

그래서 부모가 내 아이를 잘 살펴보고 판단해야 한다.

수학, 과학, 국어에 특출한 아이가 아니라면 일반고를 가는 것이 낫다. 과학고나 영재고 등은 수학의 수업 단위 수가 굉장히 높기 때문에 내신 성적이 잘 안 나오므로, 그보다는 일반고를 보내는 것이 훨씬 나은 선택이 될 가능성이 높다.

하지만 중학교 성적만으로는 잘 알 수 없는 경우도 있다. 중학교 때 최상위권이 아니었더라도 서울대 의대를 가는 아이도 있다. 이런 아이들은 고등학교를 내다보며 중학교 때 기초를 튼튼히 다진 유형이다.

우리 가족 또한 대치동에 늦게 들어왔기 때문에 초점을 고등학교에 맞추어 중학교 성적에 연연하지 않았다. 아이들이 과학고나 영재고를 가고 싶은 생각이 없었으며, 당시 나 또한 무리라고 생각했기 때문에 고등학교 교과를 착실하게 준비하는 것에 중점을 두었다.

중학교 성적 하나하나에 신경쓰지 않고 기본기를 탄탄하게 쌓았던 아이들이 고등학교에 가면 성과를 잘 낸다. 따라서 중학교 때 내신 성적이 잘 안 나온다고 해서 실망할 필요는 없다.

멘토형 엄마의
중등 시크릿 학습 레시피 7가지

대입 제도가 매년 빠르게 바뀌고 있다. 그로 인해 나의 경험이나 노하우의 일부가 의미가 없어지거나 중요하지 않게 될 때도 있다. 하지만 요리에 누구나 알아야 하는 조리 방식이 있듯이, 학습에도 기초를 다지는 방법은 항상 존재한다.

우선 기본에 충실하도록 나의 '학습 레시피'의 목차를 잡아 나갔다. 그러다가 문득 우리 아이들이 공부하는 동안에 매우 어려운 고민과 선택의 순간을 만났던 기억이 떠올랐다. 그럴 때는 누군가의 비법을 애타게 듣고 싶었지만 도움이 될 만한 고수를 만나기가 쉽지 않았다.

내 요리에 빠져 있던 한두 개의 재료, 혼자서는 도저히 알아내기 어려웠던 그 무언가, 그런데 막상 고수를 만나서 이야기를 듣고 보면 그 비법이 의외로 특별하지 않을 수 있다. 단순히 어렵거나 귀찮아서 시도해 보지 않은 것일 가능성도 높다.

지금부터 소개하는 '시크릿 학습 레시피'가 그런 비법이길 바란다.

그래서 독자분들이 지금도 하고 있지만 조금만 더 하면 되는 것, 충분히 생각할 수 있었던 것, 마음은 먹었는데 아직 실천해 보지 않은 것으로 채워 보았다. 여기에는 나의 경험과 노하우가 고스란히 녹아 있으니 천천히 읽고 도움이 되시면 좋겠다.

1. 중학생 학습 시간표 작성법

중학교는 고등학교를 위한 준비 과정이다. 학습 시간표를 작성할 때는 수학에 우선순위를 두는 것이 좋다. 예를 들어 수학학원을 월요일과 금요일에 2회 가는 것으로 정했으면, 화요일과 목요일은 영어학원을 배치하는 식이다.

중등 학원들은 일반적으로 선행 진도를 나가다가 내신 기간이 다가오면 내신 준비를 한다. 심지어 영어의 경우 학원이 내신 기간에 휴강을 해서 내신만 전담으로 하는 학원을 찾아가야 하는 경우도 있다. 그래서 선행을 위한 학원 수업과 내신을 위한 자습 시간을 감안한 시간표를 만들어야 될 수도 있다.

국어나 과학 학원 수강은 토요일이나 일요일의 적당한 시간에 배치하면 된다(우리 아이들은 중학 때 국어나 과학 학원을 많이 다니지는 않았는데, 이와 관련된 얘기는 뒤에서 자세히 다루겠다).

선행학습을 가장 가성비 있게 할 수 있는 방법 중 하나는 학원의 방학 특강 수업을 듣는 것이다. 특강 수업은 학년의 제한이 없고 레벨 테스트도 따로 없다. 기본적인 내용을 그냥 한번에 파악하기에는 가성비가 가장 좋은 것 같다. 실제로 우리 아이들이 이용한 방법이다.

사실 학원을 다니는 것도 중요하지만, 배운 것을 익히는 나만의 학습 시간을 주중 혹은 주말에 배치하는 것이 매우 중요하다.

2. 인터넷 강의의 효과적인 활용법

요즘은 인터넷 강의가 있어서 전국에서 대치동 1타 강사의 강의를 들을 수 있다. 실제로 대치동 아이들은 인강을 필수적으로 듣고 있다. 그런데 왜 대치동으로 현강(현장 강의)을 들으러 올까? 내가 생각하는 인강의 장단점은 이러하다.

장점은 대치동 1타 강사의 강의를 저렴하게 들을 수 있고, 동시에 여러 강사들의 강의를 수강하는 것도 가능하다는 것이다. 자료나 교재도 집으로 배송되니 잘 활용만 한다면 시간과 비용을 절약할 수 있다.

단점은 인강은 분량이 너무 많아서 지구력이 웬만큼 없는 아이들은 완강하기가 매우 힘들다. 인강의 완강 비율이 10% 내외라고 하니, 의지가 굳건하거나 시간이 많지 않으면 도중에 포기하기가 쉽다는 것을 알 수 있다.

따라서 기본적인 강의는 학원에서 들으면서 중간중간 부족한 부분을 인강에서 찾아서 자세한 설명을 듣고 반복해서 익히는 방법이 더 좋지 않을까 한다(나의 두 아들도 이렇게 공부했다).

인강을 시청만 하고 익히지 않는 아이들이 있다. 이것은 텔레비전이나 영화를 시청하는 것과 다를 바가 없다. 반드시 익히는 시간, 즉 자기 것으로 만드는 시간이 필요하니 이 부분을 꼭 실천해 보면 좋겠다.

3. 5월/10월 학습법

"이제 시험이 끝났는데 왜 저만 공부해야 하나요? 친구들이랑 놀이동산에 놀러가기로 했어요. 동아리 모임에서 연습도 해야 해요."

봄가을 중간고사가 끝난 이후 아이에게 공부를 해야 한다고 독려하면 자연스레 볼 수 있는 반응이다. 하지만 나는 조금 부족하다고 느낄 때, 혹은 더 앞서 나가고 싶을 때일수록 그 어떤 시간도 가볍게 보내면 안 된다고 생각했다.

우리 아이들은 비교적 늦게 대치동에 들어온 만큼 상당 기간 동안 2% 부족했다. 그래서 **누구나 공평하게 가질 수 있는 시간을 효과적으로 이용해야겠다고 마음먹었다.**

어느 것 하나 우리에게 유리한 것이 없었던 막연한 때에 "위기는 기회다."라는 말이 떠올랐다. 우리가 처한 상황에 대해 불평불만만 하고, 지레 포기해서 좌절하기보다는 어쨌든 현 상황을 지혜롭게 헤쳐 나가야겠다는 생각이 들었다.

대치동의 그 누구도 알려주지 않은 것, 내가 스스로 깨우친 첫 비밀 레시피는 5월/10월 학습법이다. 누구에게나 중학교 3년, 고등학교 3년,

총 6년의 시간이 주어진다. 이를 학기로 나누면 12학기, 그 안에서 5월과 10월만을 합해 보면 놀랍게도 12개월이나 된다.

대치동뿐만 아니라 대부분의 학교에서 4월과 9월의 중간고사 이후 5월과 10월에는 축제나 학예회 등을 하기 때문에, 학기 초 아이들의 긴장했던 마음이 풀어지기 쉽다.

예를 들어 중학교 1학년이 되면(요즘은 중1 때 시험이 없지만 우리 아이들이 다닐 때는 있었다) 3월을 지나 4월 초에서 말까지는 중간고사를 본다(학교마다 조금 다르다). 그리고 나면 5월 한 달은 거의 학교에 행사들이 있고 친구들과도 친해졌기 때문에 조금은 긴장이 풀리게 되어 순식간에 지나간다. 5, 6월이 지나면 7월은 기말고사를 보고 여름방학이 시작된다. 방학에는 누구든 방학 시간표를 짜서 공부하게 된다.

2학기는 8월 중순에서 말쯤 개학을 하고 9월 말쯤 중간고사를 본다. 그리고 바로 10월이 온다. 10월을 행사니 뭐니 하며 어영부영 그냥 순식간에 보내면, 11월을 지나 12월 기말고사가 눈앞에 와 있다.

5월, 10월, 바로 이때를 도약 시점으로 만들어야 한다. 이 시기를 무심코 보내면 한 달이 그야말로 순식간에 지나가 버린다. 그동안 부족했던 부분을 집중적으로 채우거나, 과학탐구 과목 중 하나를 선택해 짧은 선행을 하는 데 이만큼 좋은 시기가 없다.

대치동에는 다양한 학원들이 있는데, 이렇게 단기간 수업을 하는 곳을 어렵지 않게 찾을 수 있다. 여러분이 사는 지역의 인근에서도 이런

누구에게나 주어지는 시간을 우리 것으로 만드는 법 4

5월/10월 학습법

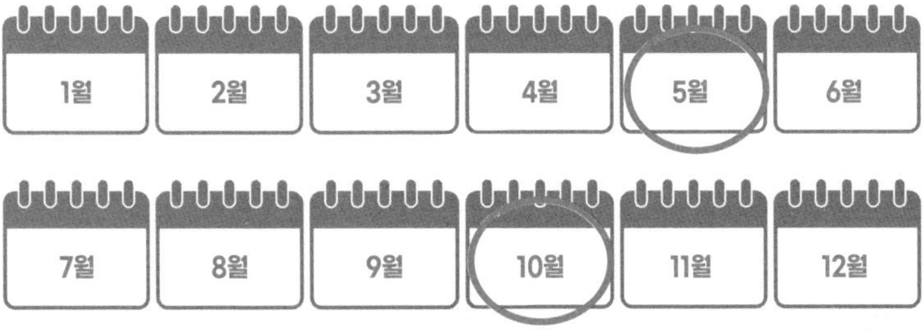

중고등
이 방법을 6년간 반복하면?
무려 1년

수업을 하는 곳을 찾을 수 있을 것이다. 만약 그런 곳이 없거나 적당한 곳을 찾는 수고와 시간이 아깝다면 소규모 학원 중에서 찾아 부탁하는 방법도 있고, 그것도 여의치 않으면 이럴 때 짧게 과외를 하는 방법도 효과적이다(기간과 범위를 정해놓고 하는 것이 좋다. 비용도 마찬가지다).

물론 아이들의 반발은 각오해야만 한다.

"친구들은 시험 끝나고 2주일은 그냥 쉰대요. 다른 아이들은 놀이공원도 가고 여행도 가는데 왜 나만 공부해야 하나요?"라고 불평한다. 설득이 필요할 때도 있었고, 긴 논쟁 끝에 합의를 할 때도 있었다. 다만, 합의에는 적절한 보상을 약속해 줘야 한다. 우리집의 경우 멋진 식사 혹은 아이가 보고 싶어하는 콘서트 티켓을 보상으로 제공했다. 교육적인 면에서는 좋은 방법인지 모르겠지만, 노력의 대가가 기다리고 있는 것은 강한 성취동기가 되기 때문이다. 예를 들어 월급과 휴가를 받지 않는다면 회사를 다닐 사람이 얼마나 있을까?

4. 주요 과목별 선행학습 방법은?

선행학습에 대해서는 이야기하기가 상당히 조심스럽다. "선행을 왜 하는지 모르겠다.", "대치동은 부모가 극성이라 하는 거지.", "사교육 문제의 핵심이다."라는 이야기를 많이 듣기 때문이다.

이런 상황에도 불구하고, 나는 중학교 시기에는 정도의 차이가 있을 뿐 어느 정도의 선행학습이 꼭 필요하다고 본다. 다만, 내 아이에게 꼭 필요한 적정 수준의 선행을 하기 위해서는 나름의 원칙을 갖는 것이 매우 중요하다.

중학교에서 내신 공부와 선행학습의 비중은 4 대 6 정도가 적당한 것 같다. 왜냐하면 중학교 내신은 특정한 고등학교, 즉 내신 성적이 입학에 중요한 과학고 또는 외고(영어 성적만 반영) 입시에만 영향을 미치기 때문이다. 따라서 상대적으로 시간 여유가 있는 중학교 때라면 고등학교를 위한 공부에 더 열중하는 것이 훨씬 효과적이라고 생각한다. 즉, 중학교 때는 선행학습에 더 비중을 두어야 하고, 이 시기에 고등학교 때만큼 열심히 공부해야 하는 것이다.

지금부터는 각 과목의 특징에 따라 다른 선행 공부방법을 나의 경험에 비춰 소개해 보겠다.

수학

수학은 무엇보다 처음에 개념을 정확하게 잡는 것이 중요하다. 수학은 개념을 응용할 수 있어야만 문제를 풀 수 있기 때문이다. 만일 잘못된 개념이 자리를 잡으면 나중에 굉장히 고생하게 된다.

수학의 경우 기본편 수업은 가능한 수학을 전공한 강사에게 듣는 것이 좋다. 반드시 수학을 전공한 강사여야 한다는 것은 아니지만, 우리 아이들이 기본편을 공부할 때는 출신 학교에 혹하지 않고 전공이 뭐냐를 본 편이긴 했다.

팁을 하나 알려드리겠다. 수학 선행을 할 때, 『수학 정석』 기본편과 실력편을 하는 경우 일반적으로 기본편의 진도를 먼저 나가고 끝까지 마친다. 아이에 따라 다르지만, 이 과정이 대략 6개월 정도 걸린다. 그런 후에 『수학 정석』 실력편을 듣는 식으로 배우게 된다. 그런데 이렇게 할 경우 아이가 실력편을 시작할 때쯤이 되면, 기본편을 이미 상당 부분 잊어버릴 수 있다.

우리 아이들은 『수학 정석』 기본편을 시작하여 배우면서, 두어 달 후에 실력편도 시작해서 병행했다. 예를 들어 이번 달에 미적분 기본편을 선행한다면, 2~3개월 후에 바로 붙여서 실력편의 진도를 나가는 방식이다.

"정석 기본편도 완벽하게 알지 못하는데 실력편 진도를 나가면 어쩌나요?"라고 의아해 하는 분이 있을 것이다. 하지만 완벽하게 다 알고 다음 단계로 가려면 시간이 엄청 있어야 한다.

반면 기본편에 이어서 두어 달 후에 실력편을 시작하게 되면, 기본편의 개념을 잊어버리기 전에 다시 복습이 될 뿐만 아니라, 기본편의 문제들이 상대적으로 수월해져서 실력을 더 탄탄하게 빨리 키울 수 있기 때문에 시간과 비용을 동시에 절약할 수 있다.

국어

중학 국어는 고등 국어의 축소판이며, 고등 국어의 기초이다.

우리 아이들의 경우 중학 국어는 내신에 충실했다. 당시에 운이 좋게도 중학교의 국어 선생님이 최고 학부를 나오신 실력이 좋은 분이셨다. 그래서 내신을 열심히 하고, 국어 논술학원 정도 다니는 것으로 충분했던 것 같다. 그러나 당시에도 잘하는 아이 친구들은 ㅇㅇ국어, ㅇㅇ국어 같은 학원을 열심히 다니고 있었다.

솔직히 국어 실력을 높이는 것이 가장 어렵다. 안타깝게 들릴 수 있겠지만, 내가 대치동에서 지켜본 바에 따르면 국어는 타고난 실력이 성과를 좌우하는 과목이다. 그래서 공부량을 무조건 늘리고 더 많은 문제를 푼다고 해서 실력이 눈에 띄게 오르지는 않는 것 같다.

"중학교 때는 국어학원을 안 보내도 된다고 생각하나요?", "만약 국어학원을 보낸다면 어떤 유형의 학원을 보내는 것이 좋은가요?"라고 묻는 분들이 있었다.

우리집의 경우 첫째 아들은 중학교 때 내신 국어학원만 아주 조금 다녔다. 둘째는 친구가 다닌다고 해서 국어 논술학원을 조금 다닌 정도였다.

사실 우리는 대치동에 늦게 들어온 편이라서 수학 공부에 집중하느라 국어학원을 다닐 여력이 없었다. 개인적으로는 중학교 때는 국어보다는 수학에 방점을 두는 것이 낫지 않나 싶다. 그래도 국어가 걱정된다면 독서 같은 수업을 꾸준히 하는 것도 도움이 되긴 한다.

국어는 하루아침에 되는 것이 아니다. 사실 국어를 감각적으로 잘했던 둘째를 보면 약간 타고나는 부분도 있는 것 같다. 그리고 앞에서 소개했듯이, 단순히 학원에만 의존할 것이 아니라 부모가 같이 독해 훈련을 해보는 것도 좋은 방법이라고 생각한다.

과학

우리집의 경우 초등학교 때 과학학원을 따로 다니지 않았고, 학습지 회사에서 하는 개구리 해부 실습 같은 프로그램에 간간이 참여하는 정도였다.

솔직히 첫째 때는 중학교에 올라가서도 아예 과학 과목 선행은 할 생각조차 못했다. 왜냐하면 초등학교 때 수학 선행도 안했기에 대치동으로 이사를 온 후 수학 진도를 따라가느라 과학학원을 따로 다닐 시간이 없었기 때문이다. 내신만 잠시 했다.

둘째는 중학교 때 물리, 화학을 몇 달 공부하긴 했지만 살짝 분위기만 파악하는 정도였다. 그 당시에는 과학 과목의 중요성을 그렇게 깊이 생각하지 못했다. 그래서 두 아이 모두 중학교 때는 내신 수업에 열중했던 것 같다.

보통의 경우 과학 선행은 중학교 3학년 겨울방학부터 많이 시작한다. 그런데 실제로 고등학교에 올라가 보니 좀 늦은 느낌은 있었다. 왜냐하면 대치동에는 중학교, 아니 초등학교 때부터 과학 과목을 올림피아드 급으로 탄탄하게 선행을 하고 온 아이들이 많았기 때문이다.

과학은 선택 과목이라고 해서 결코 만만하게 봐서는 안 된다. 의외로 실력이 비슷한 학생들 사이에서도 차이가 많이 나는 과목이기 때문이다.

나중에 고등학교에 진학해서 내신 위주로 공부를 착실히 하는 것도 좋지만, 과학은 수많은 반복 학습과 응용이 필요한 과목이기 때문에, 중학교 때 물리나 화학 선행을 조금이라도 해둔다면 고등학교에 올라가서 상대적으로 수월하게 공부할 수 있을 것이다.

영어

영재고나 과학고를 목표로 하는 아이들은 중학생이 되면 영어학원을 다닐 시간이 없다. 학원 커리큘럼 자체가 수학과 과학 과목으로 되어 있기 때문이다. 대치동 상위권 학생들의 경우는 중학교 때 영어 공부는 초등학교 때 쌓았던 실력을 유지하는 수준으로 하는 것 같았다.

하지만 우리는 그 정도로 영어 실력이 완성되어 있지 않다고 생각했기 때문에, 중학교 때 1주일에 2회 정도 수업하는 영어학원을 꾸준히 다녔다. 첫째는 학습을 할 때 청각형보다 시각형 학습자였기에 문법과 독해를 따박따박 공부하는 한국식 영어학원을 다녔고, 둘째는 어릴 때 말도 빨리 배우고 잘하고 틀린 말도 자신감 있게 하며 익히던 청각형 학습자였기에 미국식 영어학원을 다녔다.

"영어 문법을 따로 가르쳤나요?"라고 묻는 분들이 있었는데, 문법학원을 따로 보내지는 않았다. 초등학교 6학년, 중학교 여름방학이나 겨울방학에 한두 달 정도 짧게 특강을 들었다. 대치동 학원가에는 영어 문법만 전문으로 하는 유명한 선생님들이 따로 있다. 둘째는 방학 특강도 듣지 않았다.

수능의 절대평가 영역인 영어는 완성, 즉 수능 1등급 수준 확보가 빠르면 빠를수록 좋다. 특히 이과 지망생은 수학과 과학 과목의 학습 부담이 크기 때문에 고등학교에 올라온 이후에 영어 실력을 높이는 것이 결코 쉽지 않다. 대치동의 최상위권 아이들 중 상당수는 초등학교 6학년에 이미 수능 1등급의 영어 수준을 갖고 있다.

그런 수준까지는 아니라 하더라도, 영어는 중학교 때도 계속 준비해서 고등학교 때 영어 공부에 대한 부담을 줄이는 지혜가 필요하다. 영어 공부는 기초가 탄탄하면 어휘력과 사고력이 확장되어 가는 것이기 때문에, 초등학교나 중학교 때 실력을 잘 다져놓으면 그 실력이 고등학교 때도 계속 유지되기 때문이다.

5. 아이의 목표와 수준에 맞는 학원 선택하기

대치동에는 많은 학원이 있다. 최상위권 학생들은 물론이고, 중간 혹은 그 아래의 성적을 가지고 있는 학생들도 각자의 수준에 맞는 학원을 찾아 수업을 받을 수 있는 학원 시스템이 참으로 잘 갖춰져 있다. 학원 숫자는 고등 과정 학원이 가장 많고 그다음은 초등 학원, 중등 학원 순이다.

그런데 이 많은 학원을 두고도, 대치동의 부모와 학생들은 어떤 학원을 다닐까를 항상 고민한다. 특목고나 과학고 준비를 하는 학생들이 아니어도 마찬가지다. 그래서 각자의 목표와 수준에 맞는 과목별 학원 선택이 필요하다.

어떤 고등학교에 진학할지에 따라 학원 선택이 달라질 수 있다. 대치동의 경우 누구나 다닐 수 있는 학원이 대부분이긴 하지만, 특정 학교나 특정 수준을 대상으로 하는 학원들도 있다. 진학할 고등학교와 아이의 실력에 따라서 그에 맞는 학원을 현명하게 선택하는 것이 필요하다.

또한 학원 강사의 실력만큼이나 중요한 것은 같이 수강하는 학생들로 인해 만들어지는 면학 분위기이다.

물론 능력이 있는 강사와 실력이 있는 학생들만 모인 학원이라면 금상첨화겠지만, 실제로 그런 학원은 존재하지 않는다. 그래서 애당초 100% 마음에 드는 학원은 없다. 여러 면을 잘 살펴서 80%쯤 마음에 드는 학원을 선택하면 성공인 것이다. 나머지는 아이가 스스로 노력해서 채워야 한다.

"대형학원과 소규모 학원 중 어느 곳이 좋을까요?"

부모님들이 자주 하는 질문 중 하나다. 하지만 이 역시 어려운 문제다. 이름난 대형학원은 체계가 잘 갖춰져 있고 커리큘럼이 명확하기 때문에 자기 실력의 객관적인 위치를 파악하기에 매우 좋다. 또한 다양한 학교의 친구들도 만날 수 있다. 하지만 학생 수가 많아 세심한 관리 능력이 떨어지기 때문에 개개인의 학생이 단기간에 실력을 높이기가 쉽지 않다.

반면에 소규모 수업을 주로 하는 소형학원들에는 주변의 가까운 학교에서 비슷한 수준의 공부를 하는 학생들이 모이게 된다. 학생들 간의 경쟁심을 발휘하기에 좋다. 그리고 부족한 부분의 보충이 가능하고, 학생들을 밀착 관리하기 때문에 개인별 첨삭 지도와 질문을 쉽게 할 수 있는 장점이 있다. 하지만 전반적인 기초를 다지기에는 교육과정이 체계적이지 않을 수 있다.

그래서 두 가지 형태의 학원을 병행하는 것을 추천하고 싶다. 개념은 대형학원에서 잡고, 부족한 부분 혹은 심화는 소형학원에서 소규모로 수업을 하는 것으로 말이다.

6. 대파와 스케줄러, 늘 정보를 얻고 분석하고 연구하라

우리 가족은 자주 식탁에 둘러앉아 공부 방법에 대한 이야기를 나누었다. 내가 최근 대치동의 학원 트렌드를 소개하면, 아이들은 듣고 있는 수업에 대한 자신의 의견을 말하고, 그런 다음 효과적인 시험 준비 방법에 대해 함께 토론하기도 했다. 아이들은 이런 과정을 통해 자기에게 맞는 공부법을 찾아가고 있었다. 우리에게 식탁은 중요한 대화와 학습의 장소였다.

사실 아이들은 학교와 학원만 다니기 때문에 수많은 학습 정보를 구하기 힘들다. 그래서 무언가를 결정해야 할 때가 되면, 아이가 쉽게 선택할 수 있도록 부모가 사전에 조사한 많은 정보를 내어놓으면 좋다.

아이가 중학교 고학년, 고등학생 정도 되면 학교에 있는 시간이 길어지니 엄마 입장에서 몸은 좀더 편해진다. 하지만 머릿속은 늘 깨어 있어야 한다. 수많은 정보를 얻은 후에는 취사 선택해서 내 아이에게 적합한 것을 추려서 제시해야 하는 것이다. 그리고 아이와 의논해서 최종 결정을 하면 그 의견을 존중해야 한다.

내가 시간을 아껴가며 직접 듣고 발로 뛰고 확인하는 정보만이 내 것이 된다. 남의 정보에만 의존해서는 안 된다. 아이에게 전달하기 전에 스스로 검증을 거쳐서 정확한 정보를 주고, 아이가 그중에서 선택할 수 있게 해야 한다.

대치동의 어머니들은 바쁘다. 남편이 출근하고 나면 운동을 갔다가 설명회를 찾아다니고, 다른 어머니들과 티타임을 가지며 친목을 도모

하고 정보도 교환하고, 아이들이 집에 오기 전에 얼른 장을 봐서 들어온다. 저녁에 모임을 갖더라도 9시 50분이면 모두들 집으로 향한다. 저녁 10시에 귀가하는 아이들을 맞아야 하기 때문이다.

나는 아이들을 학원에 보내고 나면 커다란 장바구니를 들고 집을 나서곤 했다. 산책을 겸해서 학원들을 둘러보는 것이다. 왔다갔다하는 도중에 장도 봤다. 큰 가방에는 학원 시간표가 실린 전단지, 두 아이의 학원 스케줄표와 필기구가 항상 들어 있었다. 어느 학원의 어느 선생님이 언제 강의하는지를 확인하고, 아이들이 만든 시간표와 수시로 비교 점검했다.

설명회에 참가해 새로운 강사의 수업 방식과 강의 스타일도 수시로 체크했다. 그리고 아이와 협의하고, 필요하다고 판단되면 학원 수업을 조정했다. 아이에게 맞지 않은 학원을 대안 없이 다니는 것만큼 시간을 아깝게 낭비하는 것은 없다.

늘 새로운 정보를 얻어 오는 것은 아니지만, 식사 이후의 간단한 운동이 되기도 했다. 집으로 오는 길에는 간식거리, 필요한 채소나 과일을 사기도 했다. 그래서 내 장바구니에는 시장에서 산 대파와 스케줄러가 자주 공존했다.

남의 의견을 듣고 참고하는 것도 좋지만, 그보다는 직접 발로 걸어 다니면서 정보를 모으고 판단하고 비교 분석해서 아이가 필요로 할 때 알려주기 위해서였다. 아이들은 학교 생활과 공부만으로도 바쁘기에 정보를 얻는 것은 부모에게 의존할 수밖에 없기 때문이다.

스케줄러는 철저히 계획을 세우는 데 도움이 된다. 내가 만든 스케줄러에 학원 시간표를 채워 넣고 업데이트를 하다 보면, 과목별로 효과적인 필요 공부량과 공부의 우선순위가 한눈에 보인다.

7. 대화와 믿음은 기본

아이들에게 필요한 부모의 역할은 좋은 환경과 스스로 공부할 수 있는 분위기를 조성해 주는 것이다. 그래서 공부하는 아이들 옆에 앉아 있지 않았다. 혹시라도 부모가 자신을 감시한다는 생각이라도 들면 신뢰가 형성되지 않을 것이기 때문이었다. 그리고 문제집을 채점해 주지 않았다. 아이가 스스로 채점을 하면 해설지와 자신의 답안을 꼼꼼히 비교할 수 있어서 실력이 더 단단해지기 때문이다.

"우리 아이는 엄청 열심히 노력하고 공부만 해요. 근데 성적이 안 나와요. 어떡하면 될까요?"

후배 어머니들 중에 내게 이런 안타까움을 호소하는 분들이 있었다. 그러면 "노력으로 성적이 조금이라도 향상되었다면 그 자체로 매우 훌륭한 결과라고 할 수 있어요. 일단 그 상태에서 등 두드려 칭찬해 주시고, 그다음의 도약을 기다려 주거나 지원해 주세요. 그럼 아이는 그 작은 성공을 발판 삼아 또 다른 점프를 하게 될 겁니다."라고 말씀드린다.

나의 경우 공부를 하라는 얘기는 해본 적이 없는 것 같다. 경험에 비추어 “엄마는 이렇게 공부했단다.”, “아빠도 이렇게 공부했단다.”, “아빠 친구 ○○는 이렇게 했다더라.”, 주변 이야기나 책에서 보고 들은 학습법에 대한 이야기를 해주곤 했다. 아이들은 그런 이야기를 참고해 가며 스스로 자신에게 맞는 공부법을 만들어 나갔다.

아이들이 시험을 보고 오면 “엄마, 실수해서 ○○를 틀렸어요.”라며 아쉬워할 때가 있었다. 늘 반복되는 이야기지만 말이다. “그래, 그럴 수도 있지.” 하며 지나가곤 했다.

하지만 때로는 지나가는 소리로 “실수도 실력이에요!”라고 얘기해 주었다. 실수하지 않도록 더 꼼꼼하고 확실하게 알고 주의를 기울여야 한다는 생각을 했으면 하는 바람이었다.

부모는 아이가 늘 고민을 말하고 의논할 수 있는 상대가 되어야 하는 것 같다. 그러려면 아이의 고민을 들어주고 해결책을 제시할 수 있도록 항상 준비되어 있어야 한다.

학습적인 면이든 정서적인 면에서든, 이러한 준비는 시간이 많은 엄마들만이 할 수 있는 것은 아니다. 맞벌이로 바쁜 부모님도 시간을 쪼개어 고민한다면, 부모님의 그런 마음과 정성이 아이들에게 고스란히 전달될 수 있을 것이다. 사실 아이의 고민에 대한 해결책을 제안하는 것도 중요하지만, 아이의 고민을 경청하고 공감하고 같이 해결하려고 노력하는 모습을 보여주는 것 자체만으로도 효과가 있기 때문이다.

중학생을 힘나게 하는 음식

A. 고기가 정답

아이가 학교에서 힘들게 공부하고 온 날은 밥맛도 없을 수 있다. 이때는 무조건 고기 요리를 준비해야 한다.

큰 덩어리의 소고기를 사서 작게 나눠 보관해 둔다. 마블링이 가장 좋은 부위는 두툼하게 썰어서 스테이크용으로 자른 후 앞뒤에 올리브유를 발라 랩으로 싸둔다. 일부는 얇게 썰어서 불고기감으로 남겨둔다.

또 다른 부위는 채를 썰어서 소고기 튀김용으로 남기고, 가장자리 쪽은 국거리용이나 카레용으로 보관해 둔다. 때로는 잘게 다져서 햄버그스테이크용이나 볶음밥이나 볶음양념장에 넣는 용도로 쓰기도 했다. 이렇게 소고기를 잘 분류해 두면 마음이 편해진다. 아이들이 먹고 싶은 요리를 주문하면 바로 만들어 줄 수 있기 때문이다.

햄버그 스테이크

햄버그 스테이크는 갈아 온 고기를 사용하는 것보다 직접 덩어리 고기를 잘게 다져서 만들면 씹히는 맛이 있고, 때로는 스테이크에 가까운 고급스러운 맛도 느낄 수 있다.

우선 빵가루를 우유에 적셔 놓고, 양파는 잘게 다져서 버터를 두르고 볶아서 식혀 둔다. 소고기와 돼지고기는 잘게 다져서 큰 그릇에 담고 소금, 후추, 우스터소스, 굴소스, 간장을 넣은 고기 양념에 재어둔다. 그러고는 고기에다가 우유에 적신 빵가루와 양파와 달걀을 넣고 많이 치대어 둥글넓적하게 빚어 놓는다. 고기를 잘 구운 후, 버섯을 많이 넣어 끓여 둔 소스를 뿌려 먹으면 맛이 매우 고급스러워진다.

B. 응원의 음식: LA 갈비

첫째의 중학교 3학년은 너무나 바쁜 일상으로 이어졌다. 고등학교 진학을 앞두고 해야 할 공부가 너무 많다며 밤낮없이 공부하기 시작했다. 그러다 보니 식사 시간이 늘 부족했기에 아이가 좋아하는 LA 갈비를 맛있게 구워 도시락에 넣어 주었다.

당연히 잘 먹었을 거라고 생각했는데, 집에 돌아온 아들은 한숨을 쉬며, "엄마, 식사할 장소가 마땅치 않아서 학원 계단에 앉아서 먹었어요. 그런데 너무 추웠어요."라고 했다.

가슴이 쿵 내려앉았고, 뒤통수를 한 대 맞은 기분이 들었다. 빈 강의실이라도 찾아서 먹었을 거라고 생각했던 나는 갑자기 눈물이 핑 돌았다.

'무엇 때문에 이 고생을 하는 거지? 내가 욕심을 부려 아이를 힘들게 하는 건 아닌가?' 하는 별의별 생각이 다 들었다.

그 순간 아이가 한마디를 더 했다. "엄마, 그런데 진짜 맛있었어요." 나에게는 눈물의 LA 갈비였지만, 첫째에게는 엄마의 정성이 남긴 음식이었나 보다.

나의 LA 갈비는 좀 특별하다. 갈비 양념 속에 대추를 달인 물과 대추고가 들어가기 때문이다. 그러면 설탕을 넣지 않아도 건강한 단맛을 낼 수 있다.

대추는 마음을 편안하게 안정시키며 비타민 C가 풍부하다. 그래서 시험 기간이 되면 차분하게 시험을 볼 수 있도록 대추를 푹 끓여 달인 물을 마실 수 있도록 준비해 두곤 했다. 때로는 요리 단맛을 낼 때 대추를 쓰거나, 빵과 떡 등의 간식을 만들 때도 수분을 대신해서 대추 달인 물을 넣기도 한다.

C. 시험 기간 음식: 연어 스테이크와 샐러드

시험 기간에는 소화가 잘되는 생선요리가 부담이 없어 좋다. 평소에 먹는 고기류보다 삼치와 연어 같은 생선으로 스테이크를 굽고 샐러드를 곁들여 내놓는다. 그러면 먹는 부담이 적고 졸리지도 않는 근사한 영양식이 된다.

연어를 사면 먼저 소금과 화이트 발사믹을 넣은 물에 담가 소독해

주고 물기를 제거한 다음 소분을 해 둔다. 살이 두툼한 곳은 스테이크에 쓰고, 남은 부분은 썰어서 연어 초밥을 만들거나 덮밥이나 샐러드에 넣기도 한다.

연어 스테이크와 함께 먹을 샐러드 채소는 화이트 발사믹을 한 방울 넣은 물에 담갔다가 건진 후, 키친타월에 싸서 냉장고에 넣어둔다. 이러면 아삭아삭한 상태로 오래 보관할 수 있다.

소스는 화이트 와인과 비네거 식초(와인 식초), 올리브오일, 디종머스터드를 믹스해서 만든 드레싱으로 쓴다.

올리브오일, 소금, 후추로 양념해 둔 연어는 껍질이 팬의 바닥 쪽으로 가도록 해서 기름을 얹어가며 익히다가 마지막에 한 번만 뒤집어 준다. 소스를 만들어 두었고 야채도 손질해 놓았기 때문에 이제는 5분 안에 근사한 생선요리를 먹을 수 있다.

참고로 시험 기간에는 초콜릿이 들어간 조각 케이크도 사다 놓곤 했는데, 아이들은 달달한 간식을 먹으면 수학 문제를 풀 때 머리가 반짝반짝해진다며 좋아했기 때문이다.

4장

[메인 요리]

고등생 맘이었던 내가 지금의 고등생 맘에게

고등 1~2학년, 작은 시간도 중요하다

한발 먼저 시작한다

메인 요리는 정찬의 중심에 있다. 우리는 이 요리를 먹기 위해 맛집을 찾아왔다. 애피타이저로 속을 달래 왔던 손님이 가장 기대하는 음식인 메인 요리.

그동안 사용했던 많은 스푼, 포크, 나이프들이 사라지고, 메인 요리를 위한 나이프와 포크만 남는다. 오직 메인 요리에만 집중할 수 있도록 테이블 세팅이 이루어진 것이다.

각자 원하는 고기의 굽기 단계를 선택하고 특별한 소스를 추가해 맛이 각색될 수는 있겠지만, 그로 인해 메인 요리의 무게감이 줄어들지는 않는다. 그리고 이런 메인 요리를 정확하게 이해해야만 나만의 방식으로 아주 맛있게 먹을 수 있다.

초등학교와 중학교를 거쳐 준비해 온 긴 기다림의 시간을 가장 가치 있게 만들기 위해서는 메인 요리를 먹는 과정처럼, 고등학교 시기의 중요함을 정확하게 이해하고 나만의 방식으로 잘 견뎌내야 한다. 메인 요리에 집중해 정성껏 먹다보면 머릿속의 목표가 더 명확해지고, 어느새 기대한 수준에 성큼 다가갈 수도 있기 때문이다.

자기다운 공부법으로 승부한 첫째

첫째가 다닌 고등학교는 대치동에 있는 자립형 사립고로, 대치동뿐만 아니라 인접한 지역에서도 공부를 잘한다는 아이들이 지원하는 나름 유명한 학교이다.

당시 이 고등학교는 자립형 사립고 3년 차라서 인근 지역의 중학교에서 최상위권 학생들이 의대 입학을 목표로 전략적으로 선택하기도 했다. 그러다 보니 고등학교 1학년 중간고사 기간까지 교실은 조용하고 긴장감이 돈다고 했다.

길었던 탐색의 시간이 지나고, 드디어 중간고사를 보게 되었다. 성적이 나오는 날은 조급한 마음으로 결과를 기다리고 있었다. 그런데 첫째가 현관문을 열고 들어오면서 "엄마, 제가 반에서 1등이래요!"라고 하는 게 아닌가.

아이는 물론이고 나도 전혀 예상하지 못했던 결과였기 때문에 엄청 놀랐다. 온 가족이 얼싸안고 뛸 듯이 기뻐했다. 남을 의식하지 않으며 침착하고 꼼꼼하게 묵묵히 자신만의 방식으로 공부에 매진한 첫째의 노력이 마침내 빛을 발하는 순간이었다.

1학년 2학기 기말고사에서는 수학 시험으로 또 한 번 이름을 알리게 되었다. 수학 선생님이 "우리 학교가 자사고로 전환한 이후 3년 만에 수학 시험에서 처음으로 100점이 나왔네. 정말 대단해!"라며 칭찬해 주셨다고 했다.

자사고로 전환한 이후 입학한 학생들의 수학 실력이 매우 높았기 때문에 내신 변별력을 위해 시험을 매우 어렵게 출제했는데 만점을 받은 것이다. 평균이 겨우 40점 정도였고, 주관식 문제도 50%나 차지해서 만점을 받기는 거의 힘든 구조였는데도 말이다.

선생님은 덧붙여 "아무리 점수를 깎으려고 해도 깎을 곳이 없었다." 라며 한 번 더 칭찬해 주셨다고 했다. 비록 시간이 많이 걸려도 완벽하게 이해하지 못하면 다음 단계로 넘어가지 않는 첫째의 꼼꼼한 공부습관이 쌓이고 쌓여서 그 빛을 발한 것이다.

고1 여름방학, 한발 먼저 시작하다

고등학교 1학년 1학기는 순식간에 지나간다. 중학교 때 공부를 잘하던 아이들도 엄청 많아진 학습량과 예상치 못했던 성적을 받고 실망하다가 시간을 어영부영 보내는 때이기도 하다.

고등학교 1학년 여름방학은 3~4주밖에 되지 않는 짧은 기간이지만 매우 중요하다.

나는 고등 1학년 여름방학을 효과적으로 보낼 수 있도록 1학기 기말고사를 마치고 쉬는 그 며칠 동안, 아이들이 방학계획을 알차게 짜게 했다. 그러면 일주일 정도의 준비 시간을 버는 것과 동시에, 여름방학 첫날부터 체계적으로 공부를 할 수 있게 되기 때문이다.

짧은 여름방학 기간에는 2학기에 학습할 내용을 선행하고, 이미 선행이 되어 있는 과목의 경우 심화학습을 하는 게 효과적이다. 즉, 고등 1학년 2학기 중간고사를 미리 준비하는 것이다. 왜냐하면 2학기의 중간고사도 순식간에 다가오기 때문이다.

간혹 고등학교 1학년 여름방학부터 수능 준비를 하겠다고 하는 학생들이 있는데, 이런 선택은 별로 권하고 싶지 않다. 왜냐하면 내신 공부를 착실하게 하지 않고 수능 시험만 잘 본다는 것은 매우 어렵기 때문이다. 그리고 여전히 높은 수시의 비중을 생각한다면 내신을 착실히 챙기는 것이 중요하기 때문이다.

고등학교 1학년 때 내신 성적이 좋지 않으면 2, 3학년이 되어서 따라잡기가 매우 어렵다. 정시 비중이 점차 확대되고 있지만, 여전히 수시를 통한 대학 합격이 상대적으로 수월하고 더 넓은 문이라는 것을 기억해야 한다.

고등 1학년에 한 영어 독해력 보강

첫째는 고등학교 때 영어 내신 시험을 어려워했다. 특히 독해 영역의 속도와 정확도가 떨어져서 시험이 조금이라도 어렵게 출제되면 매우 힘들어진다고 했다.

첫째는 이처럼 부족한 영어를 어떻게든 극복해야 하는데 그 방법을 잘 모르겠다고 했다. 하지만 이미 수학과 과학 과목에 많은 시간을 써야 하는 시기라서 영어 과목에 더 많은 시간을 할애하기가 쉽지 않았다.

고등 1학년 2학기 어느 날, 남편이 "그러면 아빠와 같이 주말에 영어 독해 공부를 좀 해볼까? 학원에 왔다갔다하는 것도 부담일 테니 같이 해보면 어떨까?"라고 했다. 아이는 아빠의 제안을 받아들였다.

다음주 토요일 아침, 아빠와 아들이 영어 공부를 위해 식탁에 마주 앉았다. 우선 남편은 아이의 독해 능력 테스트를 해보았다. 공부를 열심히 하니 영어 단어는 많이 아는데 독해력이 좀더 필요해 보인다고 했다. 고등학교 내신과 수능 영어는 지문이 많고 길기 때문에, 긴 지문을 빠르게 읽으며 그 안에서 주제와 핵심을 얼른 잡아내는 능력이 필요하다. 특히 우리 아이들이 다니는 고등학교는 학위를 따느라, 또는 직장을 다니느라 미국에서 거주한 부모님을 따라서 살다가 온 학생들도 많아서 영어를 잘하는 학생들이 많았고, 영어 내신 등급을 따기가 매우 힘들었다. "시간이 제법 필요해 보이네. 아빠와 같이 잘 키워 보자." 둘은 매주 토요일 아침 9시부터 2시간 정도 영어 독해 공부를 하기로 했다. 다음과 같이 3단계로 공부했다.

처음에 남편은 기본에 충실하자고 하면서 『성문종합영어』 책을 꺼냈다. 그리고 이 재미없고 오래되고 특별할 것 없는 교재를 가지고, 둘은 2개월 동안 독해 공부를 했다. 스스로 실력이 부족하다고 생각되면 기본부터 점검해야 한다고 생각했기 때문이다. 이 기간 동안 아이가 한 문장 한 문장을 직역하고 남편은 매 문장의 해석을 검증해 주었다. 더디지만 정확하게 실력을 쌓아나갔던 것이다.

2단계로 이후 3~4개월은 두 권의 TEPS 독해 문제를 풀었다. 고득점 TEPS 문제는 해석은 어렵지 않지만 답은 생각해야 풀 수 있는 것이 많으니, 수능 영어 영역의 독해 추론 문제를 푸는 데 도움될 거라고 생각했기 때문이다.

이윽고 아이의 영어 독해 속도와 정확도가 어느 정도 이상의 수준에 도달하자, 3단계로서 그때부터 본 게임인 수능 영어 학습으로 들어갔다. 거의 6개월 동안 EBS의 고난이도 교재를 포함해 세 권의 수능 교재를 함께 공부했다. 토요일 아침 2시간 정도, 남편도 아이도 쉽지 않았겠지만 꾸준히 했다.

그렇게 1년의 시간이 지난 어느 날, 남편이 말했다. "아들! 이제는 하산해도 되겠다. 영어 독해 속도와 정확도가 아빠보다 더 좋아!" 이때가 고등학교 2학년 2학기였다. 아이들이 다닌 자사고는 영어 내신 등급을 따기가 매우 힘들었음에도, 첫째는 수능 영어에서 1등급을 받았을 뿐만 아니라 그동안 영어 내신도 거의 1등급을 받았다.

어떤 분들은 아빠가 영어가 되니 가능했던 일이었다고 할 수도 있을 것이다. 하지만 조심스럽게 이 책을 먼저 읽은 베타테스터 분의 목소리를 전해 드리고 싶다. 이분은 맞벌이 맘인데, 이미 아이 둘을 최고 학부에 진학시킨 분이었다. 아이들의 대입이 끝났음에도 자녀교육서를 관심있게 보고 있기에 베타테스터 모집에 지원했다고 했다. 그녀는 이 이야기를 읽으며 참 많은 생각을 했다고 한다.

"우리집 둘째는 수학은 수능 시험에서 만점을 받을 정도로 잘했는데, 항상 영어가 발목을 잡았어요. 영어 모의고사는 항상 1등급, 영어 내신도 거의 1등급이 나오긴 했는데, 시험이 좀 어렵게 출제되면 힘들어하고 내신이 2등급이 나온 적도 더러 있었어요. 고등학교 내신은 최상위권 학생들과의 경쟁이 치열해서 항상 내신 1등급을 따기는 어려웠죠.

그런데 이 글을 읽으며 생각해 보니, 아이가 영어 과목이 힘들다고 해도 그걸 어떻게 해결할 수 있을까 생각해 본 적이 없었더라고요.

우리 부부는 둘 다 영어를 못하고 자신 없어 해요. 그래도 엄마가 영어를 못 하더라도『성문종합영어』정도는 볼 수 있는데, 아이가 힘든 영어 과목을 조금이라도 수월하게 극복할 수 있는 방법을 생각조차 안 해보고, 그냥 동네에서 들은 괜찮다는 학원에 보내려고만 했더라고요.

중학교 3학년 때 이 책처럼 해볼 걸, 엄마가 영어를 잘 못해도, 맞벌이로 바빠도 토요일 두 시간쯤 아이와 머리를 맞대고 영어 지문을 읽으며 재미있게 할 수도 있었을 텐데 후회가 돼요. 엄마가 영어를 좀 못하면 어때요? 아이가 싫어하는 영어 공부를 할 때, 옆에서 재미있는 파트너가 되어 주는 것만도 도움이 되었을 텐데…. 그게 아니라도, 아이의 어려움을 해결하는 데 도움이 될 뭔가를 찾을 수도 있었을 텐데 너무 아쉽습니다.

이 얘기를 읽으며, 부모가 아이를 어떻게 도울 수 있을지를 고민하고 실천하신 모습에서 많은 생각을 하게 되고 배웠습니다. 지금 우리 아이들은 대학생이지만, 저는 이제 아이를 어떻게 도울 수 있을지 생각하고 정보도 찾아보며 공부하고 있어요. 혹시라도 나중에 조언을 구할 때 내 의견을 말해 주려고요."

이 어머니의 얘기처럼, 반드시 국어나 영어 독해 공부가 아니라도 아이와 공감하며 함께할 수 있는 것을 찾아보시면 좋을 것 같다.

"하면 할 수 있을 것 같았어요!"

전교 10등에서 고3 1학기에 전교 1등으로 점프!

둘째가 고등학교 2학년 여름방학 직전에 담임 선생님의 추천으로 강남 교육청에서 제공하는 진학 지도 프로그램에 참여한 적이 있다.

당시 상담을 해주신 진학 지도 선생님은 둘째의 1학년 내신 성적을 보시더니, "이 내신 성적으로는 의과대학 수시 합격은 쉽지 않겠습니다."라고 하셨다고 한다. 강남의 자사고에서 나름 최상위권의 성적을 유지하고 있어 자신감이 컸던 둘째는 적지 않게 놀란 모양이었다.

진학 지도 상담 후, 곧 2학년 여름방학이 되었다.

둘째는 진학 지도 상담 결과에 자극을 받았는지 공부에 무섭게 집중하기 시작했다. 책상에 꼼짝 않고 앉아 있는 시간이 점점 길어지더니, 그렇게 좋아하는 운동도 줄이고 공부에 올인했다. 기록적으로 유난히도 더웠던 그해 여름에 둘째는 엉덩이 땀띠와 전쟁을 벌였다.

개학이 되자, 둘째의 노력이 점점 빛을 발하기 시작했다. 2학년 2학기에 한 과목을 제외하고 모두 1등급, 마침내 전교 2등을 했다.

다시 진학 지도 상담을 받았다. 선생님은 "대치동에서 학생 지도를 오랫동안 해왔지만, 자사고에 다니는 학생 중에서 2학년에 전교 석차를 이 정도 수준으로 올리는 경우는 거의 본 적이 없어. 만약 3학년 1학기 때도 이런 성적을 유지한다면 원하는 학교를 어디든 가겠다."라고 하셨다고 한다.

고등학교 3학년이 되자, 둘째는 그동안 쌓아온 내공을 한번에 다 쏟아내듯이 각 분야에서 두각을 나타내기 시작했다. 성과를 맛보고 자신감을 가지게 되자 더 열심히 더 체계적으로 공부하는 것 같았다.

이맘 때, 내게 집 안 어디서든 공부할 수 있도록 책상을 더 사달라고 부탁했다. 둘째는 원래도 자기 방 책상에서 거실 소파, 식탁 등을 옮겨 다니며 공부할 때가 많았는데, 결국 책상 다섯 개에 옮겨다니며 공부하게 되었다. 자기 방에서 원래 쓰던 책상, 침대에 걸쳐 놓고 공부하는 책상(베드 테이블), 서서 공부하는 책상, 거실에 둔 독서실 책상, 그리고 방바닥에서 공부할 때 쓰는 낮은 책상까지, 이렇게 다섯 개였다.

앞에서 말했듯이, 집중력을 높이는 데는 장소도 영향을 미친다. 조용한 자기 방을 선호하는 아이도 있겠지만, 둘째처럼 다양한 장소와 책상을 바꿔가면서 하는 것도 집중력을 높이는 방법이 될 수 있다. 만약 이런 유형의 아이라면 부모님이 다양한 책상을 권해 보시는 것도 좋을 것 같다.

노력은 결코 배신하지 않는다고, 둘째는 고등학교 3학년 1학기에 마침내 전교 1등을 했다. 당시는 대입 수시에서 3학년 1학기의 내신 비중이 가장 컸다. 그래서 전교 최상위 학생들이 치열하게 경쟁하는 상황에서 거둔 이 결과는 정말이지 놀라운 것이었다.

대치동의 유명 학원 강사님이 "대치동 자사고는 워낙 전교 1~2등의 장벽이 높기 때문에, 전교 10등 수준의 학생(둘째 아이의 1학년 성적)이 2학년 2학기부터 치고 올라가, 그것도 3학년에 전교 1등까지 되는 경우는 본 적이 없어요."라며 놀라워했다.

둘째에게 물어보았다.

"엄마가 너무 기쁘고 고마워. 그런데 어떤 마음이 들어 이렇게 열심히 하고 결과도 좋아진 거니?"

그러자 둘째가 환하게 웃으며 대답했다.

"노력만 하면 할 수 있을 것 같았어요!"

이 말을 듣고 나니, '하고 싶은 일, 원하는 것이 생겼을 때 그것을 위해 참고 견디며 추진하는 자신감과 열정 같은 것이 이미 길러졌구나.' 생각했다. 이제까지 아이들을 정성스럽게 길러 왔던 것에 대한 답을 찾은 것 같아서 뿌듯했다. 어떠한 상황에서도 자신감 있게 도전하고 최선을 다하는 아이가 앞으로도 못할 게 없겠다는 생각이 들었다.

아이들을 키우면서 '내가 과연 올바른 방향으로 클 수 있도록 제대로 도와주고 있을까?' 하고 의문이 들 때가 더러 있었다. 하지만 둘째를 보면서 깨달았다. 사실은 엄마인 내가 아이를 도우면서 키우는 것이 아니라, 아이가 스스로 답을 찾아가고 있는 것임을 알게 되었다.

지금 아이의 성적이 부모님의 마음에 조금 미치지 못할 수도 있다. 하지만 아직은 스스로 노력 중이라 생각하시고 격려해 주셔야 한다. 그리고 아이가 언제든지 마음먹고 도전할 수 있도록 자신감을 심어주고 잘 기다려 주는 인내심을 보여주셨으면 좋겠다.

나는 이것을 사실 첫째 아이의 성장을 보면서 더욱 절실히 느꼈다. 믿고 기다려 주는 힘 말이다. 이와 관련해서는 다음 장인 5장에서 좀더 구체적으로 소개하겠다.

둘째, 수시 전형에서 승부를 보다

의대 합격 4관왕이 되다

이제는 대입에서 자기소개서를 더 이상 요구하지 않는 바람에 그 자체로서 의미는 없어졌지만, 둘째의 고등학교 3년을 이보다 더 잘 설명할 방법이 없어 여기서 다뤄 보려고 한다.

우리 아이들이 대입을 치르면서 고등학교 3학년 때 가장 어려워했던 것 중 하나가 바로 자기소개서였다. 대학에서 요구하는 자기소개의 각 영역마다 짧은 몇 문단의 글로 '나는 이런 사람이다.'라고 보여주는 것이 만만치 않았기 때문이다. 더구나 남들과 차별화되는 모습까지 보여줘야 했기 때문이다.

수시에서 6학종(수시원서 6개를 모두 학생부종합전형으로 지원)을 쓴 둘째의 경험에 비춰, 고등학생들에게 조금이나마 도움이 되면 좋겠다는 생각으로 자기소개서에 담긴 둘째의 고등학교 생활 몇 가지를 소개해 보겠다.

도전을 해보자

둘째가 다닌 고등학교의 인기 동아리는 경쟁이 치열해서 시험을 보거나 면접을 보고 들어가야 했다. 특히 수학과 과학 동아리는 들어가기가 쉽지 않았는데, 둘째는 수학 논문을 쓰는 동아리에 지원했다가 첫 단계에서 그만 탈락하고 말았다.

하지만 포기하지 않고, 동아리 회장을 찾아가서 자신이 이 동아리에 들어가야만 하는 이유와 들어가게 되면 할 일들을 조목조목 설명했다고 한다. 그 열정과 치밀함에 감동받은 회장 선배는 마침내 동아리 가입을 허락해 주었다.

둘째는 약속대로 1년 동안 동아리 활동을 열심히 했고, 그 결과 선배들의 신임을 얻어 2학년이 되어서는 만장일치로 동아리 회장 자리를 물려받았다. 그리고 이웃 학교들과 교류하면서 기존의 논문 작성 방법을 개선하고, 과거와는 차별화되는 수준의 수학 논문집까지 발간하기도 했다.

스펙은 내 방식으로 채운다

고등학교는 하나의 시험이 끝나면 바로 그다음 시험이 기다리고 있기 때문에, 그 사이사이에 비교과를 챙기기가 쉽지 않다.

특히 우리 아이들이 다녔던 자립형 사립고에는 비교과에 아주 특출한 재능을 가지고 있는 학생들이 많았다. 그들은 과학과 수학 경시대회에서 상을 받지 못하면 오히려 이상하게 보일 만큼 똑똑한 아이들이었다. 그러니 우리집 아이들이 비교과, 특히 경시대회에서 두각을 나타내기는 애당초 쉽지 않은 일이었다.

우리 나름의 전략이 필요했다. 우선 교내 경시대회에서 상을 받으려고 애쓰기보다는 내신 공부에 더 집중하기로 했다. 비교과가 아무리 뛰어나도, 내신 성적이 받쳐주지 않는 비교과 수상 실적은 아무 소용이 없기 때문이다.

그리고 오랜 기간 동안 한 분야에서 실력을 쌓아온 학생들만 수상할 수 있는 경시대회는 피하고, 평소 실력으로 승부를 볼 수 있는 수시로 열리는 학내 경시대회에는 참가해서 상을 받았다.

리더십을 보일 수 있는 학급과 동아리의 회장 활동도 열심히 했다. 사실 스펙을 만들기 위해 그 역할을 맡은 것은 아니지만, 이것은 결과적으로는 잘한 선택이라는 생각이 든다. 그래서 부모님들께 조언을 드리자면, 성격이 아무리 조용하고 내성적인 아이라고 하더라도 반의 회장/부회장 혹은 동아리 회장이나 임원을 3년 동안 최소한 한 번 정도는 하는 것이 좋을 것 같다.

아이만의 특별한 스토리

고등학교 생활은 누구나 비슷할 것이라고 생각할 수 있다. 하지만 노력만 하면 나만의 특별한 스토리를 만들 수도 있다. 그리고 그 특별함이 공부보다 예술, 봉사 같은 것이라면 더욱 빛이 난다.

우리집 아이들은 같은 고등학교를 나왔는데, 이 학교는 1학년 때 전교생이 연극제를 하는 전통이 있었다. 공부하기도 바빠 귀찮아하는 학생들도 있고, 처음부터 뒤로 빠지려는 학생들도 있었다.

둘째도 처음에는 연극제에 참가하기로 한 친구들의 활동을 지켜보기만 했다고 한다. 하지만 연극제 준비가 좀처럼 진도를 내지 못하고, 대본과 배역 결정에 어려움을 겪는 과정을 보다 못해 반의 회장으로서 직접 연극에 참여하기로 했다.

우선, 반 친구들 모두가 출연할 수 있도록 대본을 대폭 수정했다. 이 연극제로부터 소외되는 친구들이 없게 하는 것이 회장인 자신의 역할이라고 생각했다고 한다. 그리고 직접 연출을 맡아 무대장치를 준비하고 연극 연습을 총지휘했다.

처음에는 뒷짐을 지고 있던 친구들이 점점 재미있어 하니까, 연습은 자연스럽게 잘 진행되었고 공연도 훌륭히 마칠 수 있었다. 주연까지 맡았던 둘째는 학교 연극제 사상 처음으로 극본상, 연출상, 주연배우상을 거머쥐는 3관왕이 되었다.

이야기를 좀더 보태면, 둘째는 의과대학에 입학해서도 학과의 연극 동아리에 들어갔다. 방학 때는 짬을 내서 연기학원도 다녔는데, 나는 이러다가 연극으로 진로를 바꾸면 어떡하나 걱정이 들 정도였다.

둘째는 모든 일에 열심이다. 대학 1학년 때는 좋은 연극 공연을 위해 예과 방학을 모두 반납하고 밤낮없이 연습을 했다. 무척 힘든 일이었을 텐데, 자기가 좋아하는 일이니 열심이었던 것 같다. 매일 발성 연습을 하고, 한 시간도 넘는 분량의 대본을 외우고 또 외우고, 실수하지 않기 위해 수많은 리허설을 하고…. 패기와 열정이 있었으니 가능했던 일이었던 것 같다. 이후 극회장이 되었고, 본과 2학년 때는 여름 공연의 총기획까지 맡았다. 그 짧은 방학을 온통 연극에 쏟아부었다. 직접 세트장을 제작하고, 배우들의 의상과 무대장치, 가구, 소품 등을 구하기 위해 백방으로 뛰어다녔다고 한다. 1980년대를 보여주는 소품을 찾기 위해 경기도의 장터를 헤매기도 했다니 연극에 진심이었다고 인정할 수밖에 없을 것이다.

나중에 들은 이야기이지만, 전기톱질을 하고 전동드릴로 구멍을 뚫어 무대장치를 고정시키는 등 온갖 위험한 잡일도 맡아 했다고 한다. 정말이지 내가 미리 알았더라면 어떻게든 말리고 싶었을 것이다. 하지만 이런 과정을 통해 둘째가 크게 성장해 가고 있는 것임은 분명해 보인다. 그 어려운 공부와 연극 공연을 병행했던 이 시간은 참으로 슬기로운 대학생활 중 하나가 될 것이다.

철저히 준비한 후, 과감한 선택

자기소개서를 쓰는 것은 참 어려운 일이다. 둘째는 바쁜 고등학교 3학년 때 거의 3개월 가까이 자기소개서를 쓴 것 같다. 입학사정관들이 자기소개서만 읽어도 어떤 학생인지를 잘 그려볼 수 있게 하는 것이 반드시 필요할 것이라고 생각했지만, 실제 그렇게 표현하는 것은 정말 어려운 작업이었다고 한다. 길고도 힘들었던 과정을 통해 둘째만의 자기소개서가 탄생했다.

과하지도 부족하지도 않게 자신이 어떤 학생인지를 매우 담백하게 적었고, 입학사정관이 빨리 만나보고 싶다고 느끼게 하는 글이었다. 자기소개서를 본 선생님께서 "이제까지 수많은 자기소개서를 봤는데, 그중에서 가장 인성을 잘 드러낸 자기소개서야."라고 말씀해 주셨다고 한다. 아이가 꼭 듣고 싶었던 평이었다고 한다. 우리는 자기소개서가 잘 준비되었기 때문에 학생부종합전형에 집중하기로 했다.

당시 나는 의대 입시의 흐름이 학생부종합전형으로 바뀌고 있음을 감지했기 때문에, 다니고 있던 고등학교에서는 전례가 없었던 수시 의대 6학종을 과감하게 쓰자고 둘째에게 권했다.

대입 전형, 선택과 집중을 해야 한다

보통 수능을 보고 난 이후가 되어야 원하는 대학의 입시 문이 얼마나 좁은지를 실감하게 된다. 대학 지원 후에는 경쟁률이 얼마나 높을지, 동점

자는 몇 명이나 될지, 추가 합격은 몇 %나 될 수 있을지, 원하는 대학으로부터 합격 통지를 받을 때까지 여러 날을 고민하며 맘을 졸이면서 보내게 된다. 이때가 되면 '전형 방식에 좀더 집중할 걸…. 수시에 더 신경을 썼어야 했나?' 같은 뒤늦은 후회를 하기도 한다.

그래서 일부 마음이 급한 부모님들은 수시와 정시 중 어디에 집중할지, 수시의 경우 어떤 영역으로 지원할지 등의 고민을 아이가 고등학교 1학년 2학기일 때부터 시작한다. 물론 대부분의 부모님들은 아이가 3학년 때 시작하지만 말이다.

고등 3학년 1학기 초, 나와 둘째의 가장 큰 고민은 어떤 전형에 집중할 것인지였다. 왜냐하면 선택과 집중이 필요했기 때문이다.

그동안은 모든 것을 상의하고 그 뜻을 존중했지만, 이번에는 아이를 설득해 보기로 했다. 수능, 논술, 내신, 이 세 가지를 다 잡을 수 있는 능력이 되는 아이라고 생각했지만, 그중에서 더 잘하는 쪽의 확률을 높이자고 제안했다.

그래서 우리 둘은 과감하게 논술전형을 버리고, 내신과 수능에 올인하기로 했다. 최저 등급이 필요한 전형 때문에 높은 수능 성적도 내야 하는데, 수능과 논술을 병행하는 것이 현실적으로 어려워 보였기 때문이었다.

그런데 전교 1~2등을 하는 둘째가 논술전형을 준비하지 않겠다고 하니, 학교에서도 우려를 했다. 당시 내신과 학생부종합전형으로 의과

대학을 가는 것은 대치동의 자사고에서도 쉽지 않은 일이었기 때문이다.

하지만 나는 이미 첫째 아이의 입시를 치르면서 수시 논술전형으로 의과대학을 가는 것이 얼마나 어려운지를 경험한 바 있었다. 그래서 우리는 결정을 번복하지 않았다. 준비한 대로 과감하게 수시 6개 원서를 모두 학생부종합전형으로 썼다.

결과적으로 둘째의 고등학교 생활이 입학사정관들의 마음을 움직였는지, 학생부종합전형으로 지원한 6개의 의과대학으로부터 모두 1차 합격통지를 받았고, 네 곳으로부터 최종 합격증을 받았다. 이처럼 입시 전형은 아이에게 맞는 것을 선택하되, 어느 정도의 선택과 집중이 필요하다는 것을 기억해 두셨으면 한다.

내신과 수능 등급을 올리려면?

내신 등급별 올라가는 전략

내신 등급이 8~9등급에서 5등급으로 진입하는 데는 시간이 그렇게 많이 걸리지 않는다고 한다. 열심히 공부하겠다는 마음과 어느 정도의 실천만으로도 올라갈 수 있다고 한다. 기초가 부족하기 때문에 이 단계에는 좋은 아웃풋을 만들기 위해 인풋을 많이 해야 한다. 즉, 공부 시간을 늘리고 복습하는 횟수를 늘려야 한다.

내신 5등급에서 2~3등급으로 진입하는 데는 그것의 2배 이상의 시간이 걸린다고 한다. 공부의 양이 늘어나고, 풀 수 있어야 하는 문제의 난이도가 제법 높아지기 때문이다.

하지만 타고난 재능을 요구하는 단계가 아닌 만큼 자신의 노력만으로도 도달할 수 있는 수준이라고 한다. 그래서 이 시기에는 아이의 성실성이 중요하다. 드디어 공부에 본격적으로 흥미를 갖기 시작하는 단계이므로, 부모님의 무한한 신뢰와 지원이 필요한 시기이기도 하다.

내신/수능 2~3등급에서 1등급으로 가려면

내신/수능 2~3등급에서 1등급으로 오르기 위해서는 3~4배, 혹은 그 이상의 시간과 노력이 필요하다. 열심히 하는 무리 속에서 내가 더 많이 노력해야 하기 때문이다.

먼저, 이 단계에서는 자신 있는 과목을 잘하는 것도 중요하지만, 상대적으로 취약한 과목과 영역을 줄여나가는 전략이 필요하다.

아이가 자신의 약점을 정확하게 알아야 하는 단계이다. 어려운 과목이나 힘든 부분을 찾아서 집중 공략을 해야 한다. 문제를 반복적으로 풀고, 동일한 유형의 문제는 더 이상 틀리지 않는 수준까지 끌어올리려고 해야 한다. 이 과정을 극복하고 나면 시험에 대한 두려움이 줄어들고 자신감이 커진다.

두 번째로 내신과 수능은 시소 게임과 같아서 한 영역에 집중하게 되면, 또 다른 영역이 상대적으로 가벼워져 균형이 깨지기 쉽다. 여러 과목의 완성도를 동시에 높여야 하기 때문에, 이 시기에는 기억력을 보완할 수 있는 **과목별 단권화**가 꼭 필요하다.

과목별 단권화는 국어, 수학, 물리, 화학, 한국사 등 과목별로 핵심 내용을 한 권으로 죽 정리하는 것이다. 이렇게 해서 어떤 과목의 한 부분만 봐도 실타래가 풀리듯이 줄줄이 기억난다면 시험장에서 그 효과를 실감할 수 있을 것이다. 처음에는 쉽지 않을 수 있지만, 차근하게 한 과목씩 만들고 활용하다 보면 어느새 실력이 쑥 올라간 자신을 발견할 수 있다.

1등급에서 최상위권으로 도약은?

우선 노력의 수준이 달라진다. 완벽이라는 단어가 어울리는 단계이다.

대치동의 유명한 수학학원 강사님이 이렇게 이야기한 바 있다. “수능에서 수학 1등급은 보통 92점 선에서 결정됩니다(2017~2018년 당시 기준). 그런데 같은 1등급이지만, 수능 수학을 96점 받는 아이들과 92점 받는 아이들의 수준 차이는 생각보다 큽니다. 그리고 100점을 받는 학생과 96점을 받는 학생의 수준 차이는 그보다 훨씬 더 큽니다.

제가 지켜보니 수능 수학을 100점을 받을 수 있는 아이들의 문제 풀이 속도는 92점을 받는 아이들보다 거의 두 배가 빠릅니다. 그러니 경쟁하는 수준이라고 보기가 힘든 거죠. 최상위권에서 절대점수 8점은 따라잡기 어려운 차이입니다. 그러니 수능 수학 100점을 받을 수 있는 아이들이 얼마나 피나는 노력을 했겠습니까?”

끝으로 그 강사님은 “최상위권이 되려는 학생은 항상 긴장의 끈을 놓지 않고 완벽을 기하는 마음가짐과 자신과의 치열한 싸움에서도 반드시 이겨내겠다는 의지가 있어야 합니다.”라고 하셨다. 최상위권의 높은 벽을 실감나게 이해하는 것에는 이만한 비교가 없었다.

두 형제의 서로 다른 공부법

스타일은 다르지만, 성과를 내는 과정이다

아이를 둘 이상 키우는 부모님들은 대부분 이런 얘기를 한다.

"같은 배에서 나온 아이들이 어떻게 이렇게 다를 수가 있을까요?" 신기할 정도라고 한다. 우리집 두 아이도 마찬가지다.

첫째는 "수학 문제는 열심히 하다보면 다 해결되는데, 영어는 왜 이렇게 힘든가요?", "국어는 용어를 이해하거나 주제 잡기가 어려워요."라고 했다.

반면에 둘째는 "영어는 보기만 해도 답이 술술 나오는데, 수학은 어려워요!"라고 했다. 과목에 대한 재능이 다른 것이다. 그뿐만 아니라 공부방법도 달랐다.

사실 두 아이의 장점을 하나로 섞어 놓으면 금상첨화겠다는 생각을 한두 번 한 것이 아니다. 둘 다 완벽을 추구한다는 공통점이 있었지만, 공부 스타일은 완전히 정반대였던 것이다.

차근차근 꼼꼼하게 공부하는 스타일 (by 첫째 아들)

어느 날 첫째가 자기 방에 들어가더니 나오지 않았다. 한참을 지나 방문을 열고 나오더니 "엄마, 드디어 풀었어요!"라고 했다. 어려운 수학 문제 하나를 3시간 동안 풀고 기뻐서 나온 것이라고 말했다. 이러니 수학을 잘하나 보다 싶었다.

첫째는 처음부터 차근차근 꼼꼼하게 공부하는 스타일이다. 무언가를 처음 익힐 때는 시간이 많이 걸리지만, 대신 아주 꼼꼼하게 공부하기에 한 번 익힌 것은 잘 잊어버리지 않는다. 판화를 그리듯이 하나씩 하나씩 새기는 것이 이 아이의 공부법이다.

차분하게 집중력을 발휘해서 공부하고, 자기 방에서 오래 공부했으며, 무엇이든 메모하는 습관을 가지고 있었다. 자기 방의 책상 근처에는 각양각색의 포스트잇을 수십 장 붙여놓곤 했다. 공부 스케줄, 할 일, 마음의 다짐부터 수학 공식, 과목별 개념이나 외울 것 등 색깔별로 다양한 포스트잇들이 항상 가득 붙어 있었다.

부모가 메모 습관이 좋다며 권하거나 가르쳐 준 적이 없는데, 아이가 잊어버리지 않으려고 어느 순간부터 그렇게 했던 것 같다. 다만, 내가 조그만 종이에 매일 하루 일과를 적는 모습을 보고 자라긴 한 것 같다. 남편도 메모를 꼼꼼하게 하는 스타일이다. 업무 달력에 1주일 뒤에 해야 할 일, 2주일 뒤에 해야 할 일 등을 정확하게 기록하고 준비하는 시간까지 메모를 해놓는데, 그런 영향이 있지 않았을까 싶다.

그렇게까지 공부할 것까지는 없다거나, 진도의 속도를 내는 것이 필요하다고 해도 앞의 것을 알지 못하면 뒤로 못 넘어가는 성격이었다. 하지만 공부를 제대로 하는 것이기에 실력을 확실하게 쌓아간다는 장점도 있다.

한 번은 대치동으로 이사를 간 지 얼마 안 되었을 때, 수학 선생님이 첫째가 수학 정석을 푸는 데 시간이 너무 많이 걸렸지만, 연습문제를 하나도 안 틀렸다고, 이렇게 처음 풀면서 문제를 하나도 안 틀리는 경우는 처음 봤다고 하셨다. 완벽하게 알지 않으면 넘어가지 않는 스타일 때문이었다. 시간이 많이 걸려서 성과가 빨리 나타나지 않을 수도 있지만, 실력을 차근차근 확실하게 쌓는 스타일인 것이다.

수학학원에 처음 갔을 때 자신의 진도가 느리거나, 또는 문제를 푸는 속도가 느리면, 보통은 다른 학생들과 비교하며 기가 죽거나 낙심할 수 있다. 그런데 첫째는 주변에 별로 신경을 안 썼다.

우리 부부도 이사를 올 때 좀더 나은 환경에서 키우자는 생각 정도였고, 공부 쪽으로 기대가 크지 않았기에 느긋했다. 전학을 와서 처음에는 친구도 별로 없었기에 자기 목표와 속도대로 공부하며 남과 비교하지도 않으니, 스트레스를 크게 받지는 않는 모양이었다.

이사를 왔을 때 수학 선행을 안 한 상태였으니, 처음에 수학학원을 찾아봐도 들어갈 반이 없기 일쑤여서 가장 낮은 반으로 들어갔는데, 거기도 선행을 한 아이들이 있으니 몇 달 정도는 무척 힘들었을 것이다. 그런데 첫째는 힘들 때도 별로 이야기를 안 하고 혼자 묵묵히 버티는 편이었다. 한참 뒤에 "그때 안 힘들었니?"라고 물어봤더니 "힘들었죠."라고 대답했다.

그렇게 수학 공부를 한 첫째는 진도를 따라붙었을 뿐만 아니라, 수학 시험이 굉장히 어렵다고 소문난 강남 자사고에서도 최상위권을 달렸다. "늦었다고 생각할 때가 가장 빠를 때"라는 말처럼, 차근차근 단계를 밟아가며 열심히 공부하면 결실을 맺을 수 있을 것이라고 생각하고 아이를 응원해 주시면 좋을 것 같다.

빠르게 여러 번 보는 스타일, 말하는 공부법 (by 둘째 아들)

둘째는 시험 공부를 할 때, 먼저 시험 범위를 중요한 부분 위주로 끝까지 빠르게 한 번 본 후, 전 범위를 빨리 여러 번 복습했다. 이렇게 부족한 곳을 채워가면서 완성도를 높였기 때문에, 특별히 실패하는 과목 없이 골고루 비슷한 수준의 성적을 냈다. 그래서 내신에 강했던 것 같다.

둘째가 공부하는 특이한 방법 중 하나는 입으로 떠들면서 공부를 한다는 것이다. 암기를 할 때면 자기 방에서 입으로 떠들며 계속 그 부분을 반복했다. 국어든 영어든 사회든 과학이든 무슨 과목이든 그렇게 했다. 그러면 빨리 외워지고 잊지 않게 된다고 했다. 이래서 언어 영역을 잘했는지도 모르겠다.

영어도 그냥 외우는 것이 아니라 영어 문장을 소리내어 읽으면서 통째로 외워 버렸다. 눈으로 외우는 것이 아니라 입으로 외우면, 중간에 눈으로 볼 때는 몰랐던 잘못된 것들이 탁탁 잡힌다고 했다. 어릴 때부터 그렇게 하다 보니 외우는 속도나 정확도가 남달랐다. 또 하나 특이한 공부법은 전 과목을 입으로 계속 복기를 한다는 것이었다. 이것이 바로 둘째가 스스로 터득한 공부법이었다.

또한 집에서 공부를 할 때 보면 여기저기 떠돌면서 하기도 했다. 앞에서도 말했듯이, 고등학교 2학년 2학기 때 책상을 더 사달라고 해서 자기 방의 책상, 침대에 앉아서 할 수 있는 책상(베드 테이블), 거실의 독서실 책상, 서서 하는 책상, 바닥에 앉아서 하는 책상으로 자리를 옮겨가며 공부를 했다. 초등학교 때부터 익혔던 공부습관을 이용하여 50분이나 한 시간을 집중해서 공부하고 10분 휴식하고, 책상을 옮기고 다시 공부에 집중하는 식이었다.

둘째는 좀 산만한 것 같고 후딱후딱 급하게 공부하는 것 같아도, 공부를 하겠다고 한번 마음먹으면 집중력이 대단했다. 학교에서는 3년 내내 학급회장으로서 친구들과 잘 어울려 놀다가 집에만 오면 무서운 집중력을 발휘했다. 집중해서 공부하고 잠깐 쉬고…. 그래서 집중력이 좋은 노력형이라고 할 수 있을 것 같다.

중학교 2학년 때까지는 전교 10등쯤 했는데, 3학년이 되어 공부를 한번 열심히 해보겠다고 마음먹더니 전교 1등을 했다. 고등학교에 올라와서도 1학년 때는 전교 10등 정도를 왔다갔다하다가 2학기 때 마음먹으니 점점 성적이 올라서 2학년 때는 전교 2등까지 하고, 3학년 1학기 때 전교 1등을 했던 것이다. 거의 엉덩이에 땀띠가 날 정도로 집중적으로 공부하는 아이였다.

언어적 재능이 좀 있어서 영어와 국어에 강하지만 수학은 상대적으로 힘들다고 했다. 대치동에서도 보면 전교권이라도 모든 과목에 완벽한 아이들은 없었다. 전교 1등을 하는 아이도 자기는 항상 영어 때문에 불안하다고 하는 등 누구에게나 약한 고리가 있었다.

수학을 어려워한 둘째에게 물어본 적이 있다. "너는 수학을 어떻게 극복했니?" 그랬더니 "저는 수학이 좀 힘드니까 고등학교 1학년 때, 그리고 2~3학년 때 중간고사나 기말고사를 치면 보통 1천 문제는 풀었어요." 수학을 진짜 노력으로 극복했던 것이다.

사실 우리 아이들은 대치동에서 상위권 학생들이라면 한다는 수학, 과학 경시대회나 올림피아드 공부를 하나도 안 했다. 경시대회나 올림피아드를 준비하는 아이들은 중학교 때부터 보통 학원수업을 밤 10시에 마치고 난 후 새벽 1시, 2시까지 공부를 하기도 하는데, 우리 아이들은 그렇게 늦게까지 공부하기 싫다고 했다. 조금 아쉬웠지만 아이들의 뜻을 받아들였다. 대신, 둘이 가지고 있는 장점을 최대한 살려서 자신이 속한 학년에서 요구하는 공부 수준보다는 항상 좀더 앞서가려고 노력했다.

어떤 사람들은 "아이들이 수학이나 과학 올림피아드도 안 했는데 어떻게 의과대학를 갔나요?"라고도 한다. 그런 것을 하지 않았다고 겁먹을 필요 없다. 노력으로 극복할 수 있는 문제이다.

우리집의 재미있는 공부 풍경

두 아이의 공부 스타일이 이처럼 다르다 보니, 우리집에만 있는 재미있는 풍경이 있었다. 첫째는 자기 방에서 책상에 앉아서 꼼짝도 않고 공부를 했다. 반면에 둘째는 온 집 안을 돌아다니며 공부를 했다. 책상에서 공부하다가 졸리면 식탁에서 하고, 그러다 다시 소파에 누워서 하다가 어느새 다시 자기 방 책상으로 가서 하기도 했다.

첫째는 조용한 환경에서 집중하는 스타일이고, 둘째는 주변 상황을 신경쓰지 않고 장소를 옮겨다니면서 집중력을 높이는 스타일이었던 것이다.

또한 우리집은 항상 책과 학원에서 받은 자료들로 적당히 어지럽혀져 있었다. 어렸을 때부터 놀이하는 중간에는 집이 아무리 지저분해져도 야단치지 않았다. 장난감과 책이 장식품도 아니고, 정리정돈에 집중하다 보면 정작 마음껏 놀 수 없다고 생각했기 때문이다. 그리고 집에서는 자유롭게 나만의 스타일로 공부도 하고 놀기도 해야 한다고 생각했기 때문이다.

자료들도 본인이 공부하면서 나름대로의 방식으로 정리해 두고 위치를 정해 둔 것이 있는데, 청소나 정리정돈을 한다면서 위치를 바꾸거나 하면 아이가 그것을 찾는 데 시간을 또 허비하게 되기 때문에, 아이들이 특별히 부탁하지 않으면 방에 있는 물건을 이동하지 않았다. 조금은 어수선해 보이더라도 수능 전까지는 좀 허용해 주는 아량을 베풀면 좋을 것 같다.

멘토형 엄마의
고등 시크릿 학습 레시피 6가지

고등학생이 되면 중학교에 비해 공부 범위와 공부량이 많이 늘어난다. 고등학교 시기는 이미 중학교 때 공부한 것을 바탕으로, 학교 공부를 해 가면서 수능 준비를 위해 둘을 엮어가는 시기이다.

고등학생이 되면 올해를 지나 내년, 바로 내후년에는 수능 시험을 보러 가게 된다. 3년 동안 개념을 잡고 기본부터 실력을 지나 심화에 이르기까지 잘 잇고 엮어내며 계속 공부해 나가야 한다. 개인마다 방법의 차이는 있겠지만, 어쨌든 각자가 가지고 있는 구슬을 하나하나 꿰어서 작품을 만들어야 하는 시기이다. 혼자서 공부했든, 학원의 도움을 받았든, 어느 선생님께 배웠든지 간에 결국에는 아이들 안에서 이리저리 엮어져서 내신 등급과 수능 성적이라는 결과로 나타난다.

처음부터 완벽한 것을 만들 수는 없다. 어느 누구든지 약한 부분을 갖고 있다. 그래서 빈틈도 메우고 수리도 해서 약한 부분을 메워 나가야 한다. 그 과정에서 실력은 더 탄탄해지고 어떠한 어려움도 극복할 수 있는 힘이 만들어진다.

1. 고등학생 학원 이용법

지인이나 후배 엄마들 중에 중고등학교 때 학원비가 얼마나 들었는지 궁금해 하는 사람들이 꽤 있었다. 대치동이라고 해서 학원비가 엄청 더 비싼 것은 아니다. 다른 지역보다 10~20% 정도 비싼 수준이다.

물론 학원비를 많이 쓰는 가정들도 있다. 대치동은 학원이 세분화되어 있기 때문에, 아이가 다니는 학원의 수가 많다면 이에 해당된다. 예를 들면 월·금은 A 학원에서 미적분 선행, 화·목는 B 학원에서 수학 내신 수업을 수강하고, 또 필요하거나 부족한 부분이 있으면 일대일 수업으로 개인 수업을 받는 경우이다. 수학뿐만 아니라 다른 과목도 이렇게 하면 수강료가 급격히 늘어날 수밖에 없다. 게다가 한 반의 인원이 적을수록 비용은 더 늘어나게 된다.

우리집은 사교육비를 그렇게 많이 쓴 편은 아니었다. 중간 정도보다 좀 덜 쓴 편이었다. 중학교 때는 수학 위주로 했기 때문에 학원비가 그렇게 많이 들지는 않았다. 다만, 방학 때는 정규 수업 외에도 부족한 부분을 채우기 위한 특강을 들어야 해서 학원비가 더 든 정도였다.

고등학교의 경우 학원비는 1, 2, 3학년 때가 각기 다르다. 1, 2학년 때는 국어, 영어, 수학, 과학 등 중학교 때보다는 많은 학원을 다녔기 때문에 비용이 꽤 더 들었다. 하지만 3학년 때는 오히려 학원비가 적게 들었다. 3학년 때는 대형 교실에서 수업을 듣기 때문이다.

나름 아껴서 쓰려고 했지만, 두 아이의 고등 학원비는 꽤 부담스러웠기 때문에, 어떻게 하면 좀 합리적으로 아낄 수 있으면서도 효과를 볼 수 있을까 고민을 많이 했고 발품도 많이 팔았다. 그런 고민과 경험이 쌓여 나만의 노하우가 생기기도 한 것 같다.

한 학원에서 좋은 강사들을 다 가지고 있을 수는 없다. 그래서 과목별로 좋은 학원을 선택하는 지혜가 필요하다.

한 학원을 계속 보내다 안면이 생기게 되고, 학원이 권하는 대로 어영부영 따라가는 상황이 벌어질 수 있다. 이럴 때일수록 강단 있게 필요한 과목이나 강사의 강의만 듣고, 그 외에는 안 할 수 있는 용기가 필요하다. 그렇게 하지 못할 경우 아까운 시간을 허비하고, 기대하지 못하던 결과를 맞이할 수도 있다.

그래서 부모의 관심이 필요하다. 아이들도 학원을 3개월 정도 다니다 보면, 그 학원의 수업이 자기한테 맞는지 판단을 할 수 있다. 섣불리 학원을 자꾸 바꾸라는 것은 절대 아니다. 하지만 중학교 때는 지켜보고 판단해도 괜찮은데, 고등학교 때는 한달 한달이 너무 소중하다. 식탁에서 아이와 밥을 먹으며 얘기하면서 물어보든가, 또는 아이의 자연스러운 얘기에서 학원을 바꿔야 할 때인 것을 알아차려야 한다.

관심을 기울이는 것과 그냥 학원에 맡겨놓는 것은 차이가 날 수밖에 없다. 관심과 간섭의 균형을 잘 잡아야 한다. 무관심과 강요의 양극단으로 치닫는 경우를 피해야 하기 때문이다. 그러려면 아이의 판단을 어느 정도는 믿어주고, 아이와 이야기를 나누는 과정에서 때로는 필요한 선택을 같이 해주어야 한다.

2. 아이 입장에서 바라봐야 한다

내신 시험을 앞두고 있거나, 고등 3학년 때는 아이가 원하면 시간과 힘을 아낄 수 있게 해주어야 한다. 아이가 오늘은 학원을 안 가고 혼자 공부하겠다는데, 무조건 가라고 하고, 억지로 보내서 그 자리에 앉아 있으라고 하는 것은 좋지 않다.

나는 이럴 때 학원을 가라고 강요하지 않았다. 아이가 더 효과적으로 공부할 수 있다고 하면 빠지는 것을 나무라지 않았다. "엄마, 오늘은 학원에서 자료만 받아다 주세요."라고 부탁하면 알겠다고 하고 문제지만 받아주었다. 천금 같은 시간을 자기 나름대로 가장 효과적으로 쓸 수 있도록 한 것이다.

학원의 수업 자료는 그 담당 강사가 공을 들여 만든 것이고 지적재산권을 가지고 있다고 인정했기에, 학원비를 내고 자료만 받아와도 그 값을 충분히 하는 것이라고 생각했다. 아이들이 고3 때는 자료만 받기 위해서 가는 경우가 꽤 있었다. 아이들 스스로 그렇게 판단했고, 실제 효율도 더 나았던 것 같다.

어떤 학원의 강사들은 마치 자기가 강의하는 과목만이 전부인 것처럼 자료나 숙제를 너무 많이 내주는 경우가 있다. 아이가 일주일에 하기 힘든 분량을 꽉 채워서 내주기도 한다.

고등학생인 아이가 학원 숙제를 다 못하면, "너 숙제도 다 안 했니? 돈 아까운데 이거는 해야지."라며 막 야단을 치는 경우가 있는데, 이것은 아이의 입장을 이해하지 못해서 그런 것 아닌가 싶다.

아이들 입장에서 보면, 학교 공부나 수행평가도 해야 하는데, 수학, 영어, 국어, 과학 등 각 과목 강사들이 내주는 자료와 숙제가 너무 많으면 다 하기가 힘들 수밖에 없다. 나의 경우 어느 정도, 예를 들어 50~70%라도 할 수 있는 데까지 하면 된다고 생각했다. 그래서 과제를 다 못하고 학원을 가도 뭐라 이야기를 하지 않았다. 그저 숙제를 채우는 것보다는 제대로 아는 것이 더 중요하다고 생각했기 때문이다.

사실 숙제가 엄청 많이 나오는 학원의 경우 그 절반만 해가도 많이 하는 것이다. 70%를 했다면 정말 많이 한 것이다. 물론 숙제를 다 하는 아이들도 있긴 하지만, 그 숙제를 다 한다고 해서 또 다 잘하는 것도 아니다.

자기가 필요한 것만 골라서 해도 된다. 수학 문제도 포인트가 되는 것만 풀어가도 된다. 자기가 할 수 있는 만큼의 분량이면 충분하다.

무작정 잔소리를 하고 밀어붙이기보다는, 아이의 입장에서 너무 힘들지는 않은지 살펴보고 효율적인 방법이 무엇인지를 생각해 보면 좋을 것 같다.

3. 주요 과목별 학원 선택할 때 힌트

수학

고등학교 수학은 중학교 때 선행한 것을 탄탄하게 복습(무한)하면서도 내신을 중요하게 챙겨야 한다. 내신에 더 비중을 두고, 나머지 시간에는 선행했던 것을 바탕으로 실력→심화를 누적시켜 가면서 무한 반복해야 한다.

이때는 다양한 학원의 다양한 강사들에게 배워 보는 것도 좋다. 수학은 개념이 탄탄하게 잡히면, 풀이 방법에 원칙은 있다고 해도 다양한 방식으로도 풀 수 있기 때문이다.

수학학원은 누적 테스트를 하는 곳을 선택하는 것이 좋다. 누적 테스트란 지금 배우고 있는 단원 말고, 이미 배운 앞의 내용 중에서 서너 문제라도 푸는 것을 말한다. 이렇게 누적 테스트를 하면, 진도를 나가면서도 예전에 배운 것들을 복습하게 되기 때문에 아이들이 계속 잊어버리지 않게 되어 실력을 단단하게 쌓을 수 있고, 결과적으로 큰 차이를 만들게 된다. 수학은 기초가 중요하기 때문에 이미 공부한 것을 지켜나가는 것이 매우 중요하다.

사실 대치동 수학학원 중에서도 누적 테스트를 하는 곳은 많지 않다. 왜냐하면 학원 입장에서는 당장 진도를 나가는 것도 바쁘고, 아이들 또한 누적 테스트를 싫어하기 때문이다. 하지만 누적 테스트를 하는 효과를 무시하지 못하니까, 반드시 누적 테스트를 하는 학원을 찾아가라고 말씀드리고 싶다.

우리집 첫째는 아침 자습시간에 매일 수학 문제를 30분 정도씩 꾸준히 풀었다고 한다. 수학도 잘 잊어버리기에 매일 30분 정도 10문제든 5문제든 꾸준히 푸는 것이 매우 중요하다.

둘째는 내신 시험은 문제 유형이 정해져 있다며, 문제를 많이 풀다 보면 수월해진다고 했다.

수능 수학의 경우는 항상 신경향의 문제가 나오기에 만점을 맞지는 못하더라도, 기존 시중에 나와 있는 문제집이나 학원 문제집으로 꾸준히 풀면 노력으로 내신 1등급을 받을 수 있고, 1등급까지는 아니라도 적어도 지금보다 1~2등급을 올릴 수 있을 것이다.

국어

대치동의 최상위권 학생들 중에서도 국어 때문에 맘고생을 하는 친구들이 많다. 사실 비문학은 범위가 없고 어디서 문제가 나올지 예상조차 할 수 없기 때문에 현실적으로 준비하기가 쉽지 않다.

그래서 타고난 역량이 조금 부족해도 극복할 수 있는 문법, 화법과 작문, 언어와 매체, 그리고 문학 영역에 대한 공부를 충분하게 하는 것이 좋다.

고등 1학년 때는 한 학원을 정하고 한 강사의 수업 진도에 맞춰 1년 커리큘럼을 죽 따라가는 것이 좋다.

고등 1학년 국어학원은 현대시 수업을 하다가 내신 시험을 대비하고, 그다음에 문학 수업을 하다가 내신 시험을 대비하는 식으로, 1년에 내신 대비 기간이 4번 정도 있기 때문에, 학원을 옮기면 진도가 안 맞을 수 있는 것이다.

따라서 고등 1학년 때 한 강사의 수업을 죽 들어야 수능의 전 영역을 돌고 기초를 다질 수 있다. 수학에서 개념을 잡듯이, 수능 국어의 기초를 잡는 과정이라고 보면 된다.

고등 2학년 때는 자기 학교의 내신 시험을 대비하면서 문학 부분이 좀 부족하면 문학 수업을 잘하는 강사를 좀더 따라가면 되고, 비문학이 부족하면 비문학을 잘하는 강사를 따라가면 되고, 언매(언어와 매체)도 그렇게 하면 된다. 요즘 학원에는 화작(화법과 작문), 독서, 문학, 언매, 실용국어, 심화국어, 고전 읽기 등 국어의 각 영역에 따라 특화된 강사들도 있는 것 같다.

고등 3학년에는 수능 강의로 유명한 강사의 대형강의를 듣는 것이 좋다. 모두 강의를 잘하기 때문에, 아이의 취향에 따라 젊고 재미있는 선생님이 좋으면 그런 강사를 따라가고, 수업을 굉장히 밀도 있게 하는 선생님이 좋으면 그 강사를 선택하면 된다.

국어는 국문학과 출신이 아니라도 강의를 잘하시는 분들이 많기 때문에, 전공자를 안 따라가도 상관없는 것 같다.

영어

고등학교 영어는 직전까지 쌓은 영어 실력을 바탕으로 실력을 유지하면서 내신 영어에 최선을 다해야 한다. 고등 때는 자기가 혼자 수업 내용을 바탕으로 공부하거나 학원의 내신 준비반을 잠시 다니면서 준비하는 것이지, 영어를 새롭게 더 배우고 실력을 쌓을 만큼의 시간 여유는 없다.

고등 1,2학년에 학교 내신을 잘 받기 위해서는 교과서를 철저히 공부하고, 수능 기출 문제와 관련된 부분을 연관해서 공부도 해야 한다. 고등 3학년에는 어차피 다함께 수능 영어를 준비하기 때문에 EBS 교재를 중심으로 커리큘럼을 따라가면 된다.

어떤 엄마들은 수능 영어가 절대평가이니, 초등학교나 중학교 때 영어 공부를 그렇게 많이 안 해도 되겠지 생각하는 경우가 있다. 하지만 이것은 착각이다. 앞에서도 말했듯이, 고등 내신에서 영어의 비중은 매우 높다. 그러니 영어를 미리 안 해 놓으면 내신 등급을 원하는 대로 확보할 수 없으니 초등학교, 중학교 때 미리 준비해 두어야 한다.

과학

"과학은 고등학교에 가서 하면 되지! 수학 공부를 하기도 바쁜데 과학까지 할 시간이 있을까요?"

중학교 때 우리 가족의 모습과 생각이었다. 중학교 때 바쁘게 달렸지만 과학까지 공부하고 갈 여력은 부족했다. 그런데 막상 고등학교에 가보니 과학까지 탄탄하게 선행을 하고 온 친구들도 많았다.

우리는 지금껏 하던 방식대로 눈앞에 닥친 어려움을 최선을 다해서 극복하기로 했다. 과학도 하루아침에 되는 과목이 아니다. 과학도 수학과 같이 '개념→기본→심화'의 단계로 진행된다.

과학도 사실 누적 테스트를 하면 굉장히 좋다. 왜냐하면 뒤의 단원을 나가다 보면 앞의 단원을 잊어버리는데, 뒤의 단원에도 앞의 것과 연계되는 부분이 많기 때문이다.

누적 테스트를 하면 관련지어 더 잘 이해하게 되고 어느 순간 더 잘 알게 된다. 하지만 과학 과목을 누적 테스트를 하는 학원은 거의 없기 때문에 잘 찾아보기 바란다.

과학은 과목별 전문학원들도 있지만, 고등학교 때는 강사를 따라서 학원을 선택하는 것이 좋다. 예를 들면 물리는 ㅇㅇ학원의 ㅇㅇㅇ 강사, 이런 식으로 말이다.

우리 아이들은 인강의 도움을 많이 받아가면서 공부했다(과학도 생각보다 심화가 많이 요구되는 과목이다). 부족한 부분을 인강을 찾아서 반복해서 들으면서 개념을 보충했는데 효과가 좋았던 것 같다.

어떤 강사로부터 수업을 듣느냐도 중요하다. 그래서 설명회에 참석하여 들어보는 것도 좋다. 수업에서 딴소리를 심하게 하거나 인기를 위해 비속어를 많이 쓰는 강사들도 있는데 이런 경우는 선택지에서 바로 배제해야 한다.

아이들 나름이겠지만, 우리집 아이들은 강사의 목소리 톤을 좀 중요하게 생각했다. 강의를 오래 들으려면 날카롭고 카랑카랑한 목소리보다 듣기에 편안한 목소리가 좋다고 해서 그런 점에도 신경썼다. 강의를 열심히 하고 수업 내용이 충실하고 자료를 좀 밀도 있게 만들어 주는 친절한 강사를 선호했다.

4. 약점 극복을 위한 고등 클리닉

"개인 과외도 필요한가요?"

많은 부모님들이 궁금해 하는 부분이다. 내 아이만을 위한 강사를 원하기 때문에 물어보는 것이겠지만, 사실 내가 아는 한 대치동에서 이른바 잘나간다는 1타 강사들은 과외를 거의 하지 않는다. 그래서 개인 과외는 비용도 비용이지만, 질적인 면에서도 학원 수업보다 결코 더 좋다고 하기 어렵다.

학원에서는 비슷한 학생들이 경쟁을 하면서 실력을 키워 나간다. 과외를 선호하는 부모님들도 있겠지만, 솔직히 과외에만 의존하는 학생들이 좋은 성과를 내는 경우는 대치동에서도 극히 드물다.

과외를 오래 지속하게 되면, 학생과 과외 교사가 매너리즘에 빠질 수 있다. 그래서 나는 일정 기간이 지나면 주기적으로 대형학원의 레벨테스트를 볼 것을 권한다. 자신의 위치와 발전과정을 객관적으로 확인하는 것이 필요하기 때문이다.

과외는 필요한 부분이 있을 때 짧게 하는 것이 좋다. 진도의 목표를 정해두고, 즉 여기에서 여기까지, 또는 특정 단원이나 부분을 정해놓고, 기간도 정해놓고, 집중적으로 하는 것이 비용이나 효율 면에서 효과적이기 때문이다.

혹시 다니고 있는 학원의 강사로부터 부족한 부분에 대한 과외를 받을 수 있다면, 대학생 과외보다 시간이나 비용, 효율 면에서 더 낫다.

약점 극복을 위한 클리닉 수업은 주로 일대일로 하는 것이 시간을 절약할 수 있다. 다만, 고비용의 지출은 각오해야 한다.

만약 비용이 부담된다면 가정에서 직접 해볼 수 있는 방법을 하나 알려드리겠다. 시간과 노력을 조금만 들이면 할 수 있는 일이다. 비록 완벽하지는 않지만 말이다.

예를 들면 수학의 경우 자주 틀리고 자신 없는 부분과 관련된 시중의 모든 문제들을 모아서 집중적으로 풀어보는 것이다. 예를 들어 수학에서 확통(확률과 통계)이 약할 경우 이 단원의 문제들을 모아 엮어서 최소한 300~500문제 정도를 풀고 나면 모든 문제 유형이 드디어 보이게 되고, 출제 패턴까지 알게 된다. 반복적으로 문제를 풀면 실수가 줄고 자신감도 생긴다.

다른 과목들도 마찬가지 방법으로 하면 된다. 개념을 알아도 문제는 문제이기 때문에 문제로 접근해야 하는 것이다.

5. 팀 수업은 보조 수단이 되어야 한다

대치동에는 팀 수업을 받는 학생들이 많다. 말 그대로 비슷한 수준의 학생들이 과목을 정하고 팀을 짜서 원하는 강사를 섭외해서 수업을 받는 것이다.

부모들이 팀원을 구성하기도 하고, 학원에서 팀을 짜주기도 한다. 8명 정도의 팀 구성이 일반적이지만, 부모들의 요청에 따라 더 작은 인원으로 팀이 만들어지기도 한다.

팀 수업에서 효과를 보려면, 특히 수학이나 과학 같은 과목의 경우 비슷한 실력의 학생 구성이 매우 중요하다. 그래야만 불필요한 시간 낭비를 줄일 수 있으며, 아이들이 자신에게 맞는 난이도의 수업을 밀도 있게 들을 수 있기 때문이다. 팀원들 간의 보이지 않는 견제와 경쟁도 실력 향상에 한몫을 한다.

팀 수업은 진도와 관리 차원에서는 학원의 대형강의보다 좋다. 하지만 모든 과목을 소수의 학생들로만 구성된 팀 수업에 의존하는 것은 그리 좋아 보이지는 않는다. 적어도 나의 경험에 비추어 본다면 그렇다.

간혹 나에게 "팀 수업을 해야 하나요? 어떻게 하면 들어갈 수 있나요?"라고 질문을 하는 어머니들이 있다.

팀 수업에 들어가야 실력을 인정받는 것 같고, 그래야만 성적도 오를 수 있겠다는 기대감이 강하기 때문으로 보인다. 하지만 사실 꼭 그렇지는 않다.

수준 높은 오픈 수업도 많이 열려 있고, 이 수업들은 자유롭게 신청할 수 있으며, 나와 맞지 않을 경우 과감하게 중단할 수 있는 선택권이 있다.

하지만 팀 수업은 일단 시작하면 맘에 들지 않아도, 그 팀에 같이 속한 친구들에게 미안해서 나오지도 못하고 고민하는 경우가 흔하게 발생한다. 그리고 팀 수업을 하게 되면 다른 학원의 시간표와 맞지 않아, 정작 내가 원하는 수업을 듣기 어려울 수도 있다.

나는 팀 수업은 보조적으로 꼭 필요한 과목(대개는 수학과 과학이 해당)에만 적용하고, 다른 과목은 힘들더라도 발품을 팔아서 아이에게 맞는 학원을 찾아 수강하라고 권한다. 왜냐하면 기타 과목들의 경우는 오픈 강의로도 충분히 원하는 실력을 쌓을 수 있기 때문이다.

무엇보다 중요한 것은 내 아이가 어떤 유형의 수업에서 잘 따라가거나 앞서가는지를 잘 파악하는 것이다. 대형강의에 집중을 못하는 아이가 있는 반면, 소수의 팀 수업에서 스트레스를 심하게 받는 아이도 있기 때문이다. 부모님이 아이와 솔직한 대화를 하면서 더 좋은 방향의 선택을 하도록 도와주어야 한다.

6. 도움이 되는 실전 학습법

여기서는 몇 개의 실전 학습법을 소개해 보겠다. 당연한 것이라고 생각할 수도 있겠지만, 쉽게 놓치게 되는 부분들을 모아놓은 것이다.

우선, 수업 시간에 집중하는 것이 중요하다.

둘째, 개념을 잡기 위해서는 먼저 전체적인 목차를 이해하고, 차츰 세부적인 이해를 높여야 한다.

셋째, 과목의 중요 단원과 선생님이 강조하는 것은 집중적으로 공부해야 한다.

넷째, 기출 문제를 최대한 확보해서 어떤 것이 문제화되는지를 봐야 한다. 기출 문제를 시기 순으로 공부하게 되면 출제 경향의 변화를 알 수 있고, 앞으로 나올 문제의 유형도 예상할 수 있기 때문이다. 기출 문제들을 완벽히 내 것으로 만들 수 있다면, 이후에 변형된 새로운 유형의 문제를 풀기가 매우 쉬워진다. 이렇게만 하면 시험 문제의 80% 정도는 해결할 수 있다.

다섯째, 고등학교 때는 공부할 양이 너무 많기 때문에 시간을 중요한 부분에 효율적으로 써야 한다.

공부를 해도 계속 그 자리에 머무는 학생들의 특징 중 하나는 자신의 단점과 약한 곳을 파악하지 못한다는 것이다. 혹은 단점을 알면서도 극복하기 어렵다고 지레 판단하고 피해가려는 경향이 있다.

단점을 줄이지 못하면 고득점을 할 수 없다. 부족한 부분을 메우고 약한 부분을 극복해 가는 과정에서 자신감을 갖게 되며, 눈에 보이는 성적 향상을 이룰 수 있게 된다.

마지막으로 간단한 팁을 하나 드리면, 시험 기간 중에는 아이가 이미 시험을 친 과목의 채점을 하지 않는 것이 좋다. 시험을 잘 보면 잘 본 대로 긴장이 풀어지고, 시험을 못 봤으면 못 본 대로 기분이 안 좋아져서 공부할 의욕이 사라지는 등 결과적으로 득보다 실이 더 많기 때문이다.

고등학생 체력 관리를 위한 음식

A. 엄마는 식의사(食醫士)

고등학교 3학년이 되자, 아이들은 운동할 시간이 턱없이 부족하고 공부하느라 거의 대부분의 시간을 책상에 앉아서 보냈다. 그래서 저지방 고단백, 칼로리가 적지만 체력을 강화할 수 있는 요리를 만들어 주었다. 채소 위주의 식단으로는 힘을 낼 수 없기 때문에 항상 육류를 적절히 섞었다.

이 시기에는 1분 1초가 아깝다. 행여 아프기라도 할까봐 최상의 몸 상태를 유지할 수 있는 음식도 함께 만들어야 했다. '의식동원(醫食同源), 약식동원(藥食同源)'이라고 해서 의약과 음식은 그 근원이 같기 때문에, 나는 자칭 우리집의 식의사가 되기로 했다.

수삼은 아이들에게 보양식으로 자주 해주던 것이다. 수삼을 대용량으로 구입한 후, 신문지에 싸서 비닐에 넣어 김치냉장고에 넣어두면 3개월 정도는 꺼내서 먹을 수 있다.

수삼의 몸통은 우유와 야쿠르트를 함께 갈아 주스를 만들어 먹고,

잔뿌리는 말려 백숙이나 보리차에 넣어 먹는다. 그리고 일부는 바싹 말려 분쇄기에 간 후 쿠키를 만들 때 넣기도 한다. 떡갈비 속에 수삼을 넣어 수삼 떡갈비를 만들기도 하고, 샐러드에 수삼채를 썰어 넣어 먹기도 한다. 우리집 식구의 피로 회복에는 이만한 게 없다. 수삼을 구하기 어려운 계절에는 홍삼을 사서 먹기도 한다.

수삼 쿠키

B. 1분 1초가 중요

브런치 빵

고등학교 때 피곤해서 잠에서 헤어나오지 못하는 아이들을 보면 안쓰러워 1분이라도 더 재우고 싶었지만, 학교에 지각하면 어쩌나 하는 조급한 마음이 항상 더 앞서곤 했다.

아이가 늦게 일어나도 아침은 꼭 먹여 보내야 했기 때문에, 고민 끝에 탄생한 요리 중 하나가 '브런치 빵'이다.

삶아 으깬 감자를 밀가루 반죽에 넣어 둥글넓적하게 성형한 후, 그 위에 소시지, 베이컨, 달걀, 시금치 혹은 브로콜리를 예쁘게 장식하고 오븐에 굽는다. 미국식 조찬 세트를 한 개의 빵에 모두 담아내는 나만의 마법 레시피이다.

아이가 간단한 식사조차 할 여유가 없이 집을 나설 때면, 학교에 가서 시간 날 때 꺼내 먹길 바라며 책가방에 이 브런치 빵과 우유를 넣어 주곤 했다.

육포

아이들은 아침과 점심을 아무리 든든히 먹어도 학교 수업을 마치고 학원에 갈 때가 되면 출출해진다고 했다. 학교와 학원 수업 사이의 이동 시간이 매우 짧았지만, 그 시간에 간단히 먹을 수 있는 간식거리로 육포를 만들었다. 집에서 핏물을 야무지게 빼고 맛있는 양념을 발라서 건조시켜 만든 육포를 냉동실에 보관해 둔다.

그리고 아침에 한 장씩 꺼내 참기름과 배즙을 발라 구운 다음, 먹기 편한 크기로 잘라서 예쁘게 포장해 가방에 넣어 주었다. 정성스럽게 만든 엄마표 육포는 아이들의 체력 보강에 나름 도움이 되었고, 잘게 씹으며 스트레스도 함께 날렸던 것 같다.

C. 보양식

고등학생이 되니 공부할 분량이 중학생 때와는 비교가 되지 않을 만큼 많아졌다. 아이들의 먹는 양이 줄어들었고, 대신 체력을 유지할 수 있는 특별식이 필요한 때가 된 것이다. 식재료 중 전복을 선택하면 보양식의 느낌을 주기에 부족함이 없다.

전복 요리

전복 버터구이는 우선 전복을 손질하여 내장은 데치고 칼집을 내어 저며둔다. 그리고 한 입 크기로 손질해 둔 양파와 피망을 센불에서 볶고, 이후에 전복과 은행을 순서대로 넣어 볶은 다음에 청주와 소금, 후추를 넣고 다시 볶다가 마지막에 버터를 두른다. 전복이 없을 때는 닭고기를 이 방법대로 요리해 치킨 버터구이를 만들어 먹어도 아주 맛있다.

전복 삼계탕은 냄비에 닭을 넣고, 국물에 찹쌀을 갈아 넣고 수삼, 대추, 통마늘을 넣어 푹 끓인 후 마지막에 전복을 넣어 살짝 익혀서 만든다.

전복 참기름 간장밥은 전복을 고소한 참기름에 살짝 구워 밥 위에 얹고, 그 위에 간장을 살짝 뿌려주는 것만으로 순식간에 만들 수 있다. 이렇게 내놓으면 아이들이 밥 한 숟가락이라도 먹기 때문에 아침 식사를 거르지 않게 된다. 가끔은 전복 리조또를 만들어 주기도 했다.

D. 수능 도시락

수능 도시락은 시험 결과에 적지 않은 영향을 미치기 때문에 매우 중요하다. 그래서 아이들에게 반드시 물어보고, 원하는 음식이 있다면 되도록 그대로 만들어 주는 것이 좋다. 특별한 요리를 만들어 도시락을 싸는 것보다는 평소에 먹던 음식 중에서 고르는 지혜가 필요하다.

수능은 하루 종일 보는 시험이라 오후가 되면 체력과 집중력이 떨어진다. 그러므로 점심 식사를 거르는 것은 절대 권하고 싶지 않다. 어떤 음식이 내 아이의 수능 도시락으로 더 적합한지를 잘 모르겠다면 3월, 6월, 9월 모의고사 때 미리 확인해 보는 것도 좋다.

우리집 아이들은 평소에 좋아하는 음식으로 수능 도시락을 준비해 달라고 했다. 그래서 첫째에게는 불고기, 전복밥, 콩나물국, 멸치 고추장볶음 등 평소에 잘 먹은 음식 중에서 덜 자극적인 것으로 싸주었다. 식성이 다른 둘째의 수능 도시락에는 연어 데리야끼 구이, 안심 스테이크, 달걀국, 깻잎김치를 넣어 주었다.

수능 도시락에 추가해 필요한 것은 피로를 빠르게 회복시킬 수 있는 간식이다. 점심 이후는 졸리기도 하고, 앞선 과목 시험을 보느라 체력이 바닥났을 것이기 때문에, 가장 힘든 과학탐구(혹은 사회탐구) 영역 시험 직전에 먹을 수 있는 에너지바, 에너지 드링크, 초콜릿, 또는 사탕을 준비해 주면 좋다. 이것들은 순간 집중력을 높여 주기도 한다. 남겨 오는 한이 있더라도 간식은 넉넉하게 넣어 주어야 한다.

5장
[스페셜 메뉴]

N수생 레시피

N수는 스페셜 메뉴와 비슷하다

재도전의 부담과 극복

파인 다이닝에서는 간혹 스페셜 메뉴가 등장하기도 한다. 메인 요리와 디저트 사이에 전혀 예상하지 못한 셰프의 특별 요리가 바로 그것이다.

스페셜 메뉴는 메인 요리의 부족함을 채워 주기도 하지만, 때로는 메인 요리의 맛을 더 강렬하게 올려준다.

보통의 경우는 셰프가 자발적으로 요리해 주지만, 특별한 경우는 손님이 부탁하기도 한다. 기존의 메뉴에는 없는데, 나의 식사에 꼭 필요한 그 무언가, 그래야만 제대로 된 식사를 마무리하는 듯한 특별 요리이다. 당연히 이런 역할을 하는 스페셜 메뉴가 모두에게 필요하거나 중요한 것은 아니다.

수능 전형을 모두 마치고, 한 번만 더 채우면 완성될 것 같은 마음이

드는 학생들이 선택하는 N수가 바로 이 스페셜 메뉴와 비슷하다. 그래서 많은 고민 후 선택해야 하며 더욱 신중하게 먹어야 한다. 잘하면 메인 요리의 풍미를 넘어서는 음식을 맛볼 수도 있기 때문이다.

N수생 레시피는 이 책의 집필 동기 중 하나이다. 어려움이 없었더라면 나눔도 없었을 것이다. N수생을 겪은 부모로서 학생과 부모님이 얼마나 힘든지를 알기 때문에 우리보다 조금은 덜 힘드시라고, 이렇게 책을 쓰게 된 동기 중 하나가 되었다.

목표를 위해 한번 더 달려보기로 했다

대치동 아이들은 재수와 N수를 많이 한다고 들었지만, 솔직히 그게 내 아이의 일이 될 것이라고 생각해 보지는 않았다. 첫째는 고등학교 3학년 때 절실하게 노력했기 때문에, 첫 입시의 아쉬움을 실패라고 이야기하기도 참 애매한 상황에서 재수를 시작하게 되었다.

당시 나는 뭔가 첫 단추를 잘못 끼운 것 아닌가 하는 생각도 들었지만, 괜한 옛날 기억만 괜히 더듬었을 뿐 딱히 이유를 찾지도 못했다.

사실 최상위권 수준의 성적을 유지하고 공부 외의 것에는 관심을 두지 않던 성실한 아이였기 때문에, 첫 수능은 당연히 잘 볼 것으로 기대했었다. 그런데 이후에 알고 보니 대치동 혹은 다른 지역의 부모님들도 아이의 첫 입시 때에는 비슷한 생각을 하고 있었다.

나 또한 그러했다. 첫아이에 대한 기대감이 다른 부모들과 다르지 않았던 것이다. 이런 막연했던 생각이 입시 전쟁에서 전략적 실패를 가져온 것이 아닌가 하는 자책도 하게 되었다. 수능이라는 복잡한 시험에 객관적으로 대응하지 못했다는 것을 그때 깨닫게 되었다.

아이에게 힘이 되는 이야기

대치동의 N수 학원에는 한 해를 더 투자해서 더 좋은, 혹은 자신이 원하는 학교와 전공을 택하려는 학생들이 많다. 첫째 아들도 그 틈바구니 속에서 다시 한번 힘겨운 도전을 시작했다. 고등학교 3학년 때까지 엄마와 함께 달리는 이인삼각 경기를 해온 만큼 새로운 도전 또한 함께할 것 같았지만, 재도전의 부담은 첫째에게 더 커 보였다.

다행히도 고등학교 3학년 담임 선생님께서 "이왕 태어났는데, 한 해 더 공부해서 네가 원하는 곳으로 갈 수 있게 해보렴. 너는 충분히 잘할 수 있어."라며 아이를 격려해 주셨다. 당시 아이에게 매우 힘이 되는 이야기였다. 그렇게 첫째의 재수 생활이 시작되었다.

사실 부모인 우리 부부는 사회생활을 오래하다 보니 주위 사람들이 재수를 했는지, N수를 했는지가 그리 중요하지 않다는 것을 안다. 그럼에도 나는 재수를 해보지 않은 터라, 아이의 힘든 재수 생활을 내 잣대로 보지 않으려고 노력했다.

대신 아이에게는 "나는 네가 무엇이기 때문에 좋은 것이 아니고, 그냥 내 아들이라서 좋은 것이란다. 무엇이 되든, 무슨 일을 하든 간에 네가 원하는 길이면 된단다. 네가 다시 수능 시험을 치고 싶다면 도와줄 수 있는 데까지 도와줄 테니 포기하지 말고 해보렴."이라고 말했다.

그리고 이런 이야기를 덧붙였다. "사람에게는 때(時)라는 것이 있는 것 같아. '우불우자시야(遇不遇者時也)'라는 말이 있단다. 『순자』에 나오는 말인데, 공자가 제자 자로에게 '힘든 시절이 왔을 때는 자기 자신을 단련하면서 기회(때)가 오기를 기다리라.'고 한 말이야. 우리 힘든 시간이 되겠지만, 엄마가 열심히 응원해 줄게. 서로 의지하면서 극복해 보자." 라고 했다.

정시 전형으로 결실을 맺다

의대 합격 3관왕이 되다

첫째는 재수를 해서 서울에 있는 모 공과대학에 합격했다. 원래의 꿈은 아니었지만, 대학에 입학해서는 나름 열심히 다녔다. 이후에 원하는 다른 전공이 보이면 전과를 할 수도 있고, 전공 공부를 열심히 해서 유학을 갈 수도 있다는 생각이 들었는지, 1학기 시험을 잘 봐서 2학기 성적 장학금을 받았다.

첫째는 그동안 재수를 하면서 지쳤던 마음을 치유하려는 듯, 학교 기타 동아리에 들어가서 취미 활동도 열심히 했다. 나는 아이가 학교에 잘 적응하고 있다고 생각했고, 여느 대학생처럼 그 시간을 즐기는 모습이 보기 좋았다.

그해에 둘째는 고등학교 3학년이었다. 첫째는 여름방학 때 동아리 공연을 준비하고 있던 터라, 나는 수시 준비에 한창인 둘째에 모든 정신을 집중하고 있었다.

첫째의 배수진을 친 도전

그러던 어느 날 갑자기, 첫째가 저녁 준비를 하고 있던 나에게 다가오더니 말했다.

"엄마, 저 8월 동아리 공연이 끝나면 휴학하고, 마지막으로 한 번만 더 수능을 봐도 될까요?"

아이가 얼마나 긴 시간을 치열하게 고민하고 꺼낸 말인지를 표정으로 알 수 있었다.

언제나 아들의 든든한 응원군인 나였지만 선뜻 답이 나오지는 않았다. 결과에 대한 막연한 두려움 때문이었을까? 그 짧은 시간에 걱정이 머리를 스쳐갔다. 하지만 대학 생활을 자기주도적으로 열심히 해보고 난 후의 결정이라 존중해 주기로 했다.

첫째는 덧붙여 "내년 1월에 군 입대 신청도 해두었어요. 시험을 혹시 잘못 보더라도, 대학 학기 손해는 보지 않을 거예요."라고 했다. 기특하게도 이런 계산도 해두었던 것이다.

첫째는 8월 중순의 대학 동아리 공연을 무사히 마치고, 이후에 무서운 집중력으로 마지막 수능에 도전했다. 갑자기 우리집에 두 명의 입시생이 생긴 것이다.

그냥 가는 세월은 없다, 밑동이 튼튼한 나무

드디어 두 아들의 수능 시험날이 되었다. 둘째의 시험장이 멀었기 때문에, 나는 집에서 시험을 마치고 돌아올 첫째를 기다리지 못하고, 시험장이 먼 둘째를 데리러 가야 했다.

집을 나서기 전에 식탁 위에 A4 용지를 펴고, 큰 글씨로 첫째에게 편지를 썼다.

"지금까지 정말 수고 많았어. 고생했어, 고마워, 우리 아들…. 엄마 올 때까지 꼭 기다리렴. 맛있는 저녁 같이 먹자!"

그때부터 가장 긴장되고 두려운 순간이 시작되었다. 혹시라도 시험을 못 봤으면 어떡하지, 그래서 더 큰 실망을 하면 어떡하지.

둘째의 시험장 앞에서 나오기를 기다리면서도 휴대폰 벨 소리에 계속 귀를 기울이고 있었다. 애타는 기다림 끝에 첫째에게 다 쉰 목소리로 전화가 왔다.

"엄마, 시험 다 봤어요. 저 집에 가 있을게요!"

얼마나 힘들게 시험을 봤으면 목이 다 쉬었을까…. "집에서 기다리고 있어. 곧 갈게."라고 대답을 하면서도, 집에 도착하기 전까지도 내 눈에는 눈물이 끊임없이 흘렀다.

그해의 국어 시험은 역대급 불수능이었다. 첫째가 저녁을 먹으면서 "한 후배가 국어 시험을 보고 울면서 나갔어요."라고 했다. 자기도 국어 성적이 걱정되었지만, 입술을 꽉 깨물며 나머지 과목까지 최선을 다하자는 생각으로 울음이 나오는 것을 꾹 참았다고 했다.

첫째는 그해 수능 정시 전형으로 의과대학에 지원했고, 지원한 세 곳의 의과대학으로부터 모두 합격증을 받았다. 절박한 심정, 굳은 결심, 그리고 그동안 쌓아왔던 엄청난 공부량과 집중력이 결실을 맺는 순간이었다.

끝까지 노력하며 포기하지 않고 자신의 한계에 도전한 첫째가 정말 자랑스러웠다. 그냥 가는 세월은 없다고, 그 고통의 시간들을 슬기롭게 헤쳐나가는 과정에서 첫째는 밑동이 튼튼한 큰 나무처럼 믿음직하고 든든한 어른이 되어가고 있었다.

멘토형 엄마의 새로운 도전

내가 직접 만든 학습 레시피

나의 식탁에 초대합니다

예상하지 못했던 일이었다. 두 아들이 인서울 의과대학에 합격한 후 우리 가족의 여정을 궁금해하실 분들이 있을 거란 생각은 했지만, 나의 식탁에 그들이 직접 들어올 줄은 몰랐다.

사실 별스럽다면 별스럽고, 그렇지 않다면 그렇지 않았던 나의 대치동 이야기는 파인 다이닝에서 멋진 식사를 하는 것으로 끝날 줄 알았기 때문이었다.

그런데 시간이 지날수록 줄어들 줄 알았던 나의 식탁에 찾아오는 손님 수는 오히려 점점 더 많아졌다. 그래서 한 가지 욕심을 내보기로 했다.

내가 직접 요리를 만들어 차려내고, 어떤 순서로 먹으면 좋을지 가이드를 하면 어떨까 하고 말이다.

그러기 위해서는 내가 손님에서 셰프가 되어야 했다. 막상 이렇게 마음을 먹고 보니, '그동안 내가 좋아했던 음식과 먹는 방법이 과연 손님들에게도 맞을까?' 하는 걱정이 들기 시작했다.

하지만 생각해 보니, 이미 나는 두 아들에게 맞는 음식을 주기 위해 식탁을 차리고 치우기를 수없이 반복해 오고 있었다. 내 아이들에게 한 것처럼 정성껏 요리를 만들어 차려내고, 손님들이 공감할 수 있도록 나의 레시피를 아낌없이 공유하기로 했다.

내 식탁의 손님들에게 들려주고 싶은 이야기

입시가 모두 끝나자마자, 여기저기서 나와 두 아들을 찾는 사람들이 많아졌다.

첫째는 정시로 세 곳의 의과대학으로부터, 둘째는 수시로 네 곳의 의과대학으로부터 최종 합격증을 받았으니 궁금한 것이 많았나 보다. 나를 만나면 한번에 정시전형과 수시전형에 대한 고민을 해결할 수 있다고도 생각하는 것 같았다. 학원, 중고등학교 학부모, 학교 후배, 다시 도전하는 N수생 어머니까지, 지인들을 통해 수소문해서 많은 분들이 연락해 왔다.

처음에는 봉사하는 마음으로 열심히 응대해 주었지만, 곧 시간과 체력의 한계에 도달하게 되었다. 찾는 사람들은 많은데, 몸은 하나이니 도저히 감당할 수가 없었다.

차라리 시간이 들더라도 한번은 체계적으로 정리해 안내하는 것이 서로를 위해 도움이 될 것이라는 결론에 이르렀다. 이 책을 쓰는 것도 그런 이유 중의 하나이다.

자료를 정리하면서 어떤 경험들이 도움이 될지를 생각해 보았다. 내가 만들어 활용해 봤던 학습법, 시간관리법, 타고난 재능보다 20~30% 실력을 더 끌어올릴 수 있는 방법 등이 좋아 보였다.

그러다가 문득 떠오르는 생각이 있었다. 간혹 식당에서 셰프가 추천해 주는 음식이 별로였던 기억이 바로 그것이다. 손님들이 듣고 싶어하는 이야기와 내가 들려주고 싶은 이야기가 분명히 다를 때가 있다. 그럴 때일수록 손님의 상황을 최대한 객관적으로 이해하고, 거기에 맞는 나의 레시피를 잘 조합해 소개하기로 했다.

대치동 N수 학원 학생들

두 아이가 모두 대학에 들어간 이후, 나도 10여 년 만에 휴식기를 가졌다. 그동안 미뤄 왔던 여행도 하고 취미 활동도 하고 자격증도 따고 등 많은 계획을 세웠고 그중 일부는 실천했다.

그러다가 대치동 식탁의 셰프가 되기로 마음먹었고, 잘하기 위해서 예행 연습을 하기로 했다. 그들 속에 직접 들어가서 생활과 생각들을 이해하면서 나의 경험들이 혹시 도움이 될까 싶기도 했고, 또한 두 아이들을 키우면서 알게 모르게 받았던 많은 사람들의 도움을 갚는 기회가 될 것 같았다.

때마침 대치동에 개원한 재수종합학원에 학생 관리실장 자리가 났다. 대학원 조교 시절을 제외하고는 직장생활을 해보지 않았기 때문에, 사실 기대감보다는 걱정이 좀더 앞서기는 했지만 용기를 내서 지원하여 합격했다. 그렇게 나의 인턴십은 시작되었다.

내가 출근하는 학원에서 수업을 받는 학생들은 출신 지역도 나이도, 앞으로의 꿈도 다양했다.

먼 지방에서 와서 하숙을 하는 친구들과 원거리에서 통학하는 친구들은 더 피곤할 텐데도, 철이 일찍 들었는지 대부분 씩씩하게 학원생활을 잘하고 있었다. 한 학생은 경기도에서 매일 새벽 5시에 일어나 학원으로 나온다고 했다. 그럼에도 불구하고 어찌나 표정이 밝은지, 이 친구는 앞으로 무얼 해도 잘할 거란 기대감이 들었다.

학원의 학생들을 지켜보면 참 신기한 점이 발견된다. 책상 위에 고가의 휴대폰이나 태블릿 PC 등을 두고 다니면서, 뭐가 그리 소중한지 비밀번호가 있는 사물함 안에 모의고사 시험지와 각종 간식류를 넣어두었다. 내 생각에는 당연히 사물함 안에 귀중품을 두어야 할 것 같은데, 아이들에게는 중요도의 기준이 어른인 나와는 참 많이 다르다는 생각을 하며 미소가 지어졌다.

매일 학생들이 귀가하는 밤 9시 50분 전후에는 입구에 서서 오늘 하루도 수고했다고 인사를 해주었다. 이 모습 또한 일반적인 학원에서 보기 힘든 대치동 N수 종합학원의 한 면이다.

"고마워는 하되 미안해 하지는 말아요!"

나는 매일 오후 3시에 출근해서 밤 11시에 퇴근했다. 그날도 오후 3시에 출근해서 막 업무를 시작하려 하는데, 한 학생이 "쌤! 졸리기도 하고 당도 딸리는데 뭐 먹을 거 없을까요?"라고 했다. 전혀 예상 밖의 일이었다. 우선 내 가방에 있던 간식을 꺼내서 건네주었다. 그 이후부터는 이럴 경우를 대비해서 항상 사탕이나 초콜릿을 사서 가지고 있었다.

쉬는 시간, 그 짧은 시간에도 수다스럽게 혹은 조용하게 자기 이야기를 하는 아이들이 있었다. 주로 오늘 있었던 일을 이야기하는데, 그중 어떤 아이들은 부모님에 대해 미안한 마음을 이야기하기도 하고, 공부가 힘들다며 어떻게 극복하면 좋을지 물어보기도 했다.

특히 부모님 이야기를 하는 아이들에게 말해주었다.

"부모님께 미안해 하지는 말아요. 고마워 해야 하는 것은 당연하지만, 다시 도전할 수 있게 기회를 주신 부모님께 그저 감사하면 되는 거예요. 부모님은 열심히 응원하고 있을 테니까요."

사실 나도 첫째가 다시 수능 공부를 할 때 그랬기 때문이다.

내가 맡은 반 학생들에게는 쿠키와 핑거 디저트 등의 특별한 간식을 직접 만들어 주기도 했다. 앞으로의 긴 인생에서 매우 중요한 순간을 보내고 있는 이 특별한 아이들에게 우리 아들들에게 준 만큼의 정성을 나누어 주고 싶었다.

살다 보면 고생이란 것도 정해진 양이 있는 것 같다. 힘든 시기를 지나면 다시 편안한 시기가 오고, 아래로 떨어지는 것 같은 순간도 있지만 다시 튀어 오르는 순간도 있다. 나와 매일 만나는 이 소중한 아이들은 그중 고생을 먼저 시작한 것뿐이며, 이 시기는 향후 인생의 중요한 밑거름이 될 것이라고 생각했다.

"내일 시험 잘 볼 거라고 한마디만 해주세요!"

수능을 앞두고 아이들을 위해 조그만 선물을 준비했다. 수능 대박을 기원하는 쿠키를 내가 맡은 반의 모든 아이들 수만큼 준비해서 예쁘게 포장해서 나누어 주었다.

그리고 수능 전날은 작별 인사를 하러 찾아온 몇몇 학생들에게 말했다. "내일 수능 꼭 잘 보세요. 수능은 이 세상 어느 시험보다도 가성비가 좋고 공정한 시험이에요. 시험을 잘 보면 어떠한 조건도 없이 원하는 대학과 학과를 갈 수 있으니까요. 그러니 젖먹던 힘까지 다해 잘 봐야 해요!" 얼마나 호소력이 있었는지 모르겠지만, 두 아들을 키워본 나로서는 이 말을 꼭 해주고 싶었다.

수능 전날, 마지막 자습까지 마친 시간에 한 학생이 마음의 여유가 없었을 텐데 인사를 하러 왔다.

"선생님, 그동안 잘 챙겨 주셔서 너무 감사했습니다. 정말 열심히 해 왔는데, 내일 시험 잘 볼 거라고 응원 한마디만 더 해주세요! 시험 보고 꼭 다시 찾아뵙겠습니다."

"○○ 학생, 이제까지 정말 잘해왔어요. 내일 시험도 잘 볼 거예요. 너무 걱정 말아요. 나도 기도할게요. 우리 이다음에 더 좋은 곳에서 만나요!"

정말 성실했던 이 학생은 결국 원하는 성과를 만들어냈다.

몇 명과는 특별한 인연도 맺었다. 나와 같은 고향 출신인 학생도 있었고, 대치동에서 나고 자란 학생도 있었고, 남편이 졸업한 고등학교의 후배도 있었다. 직접 간식을 만들어 주기도 하고, 쉬는 시간에 나를 찾아오면 짬짬이 우리 두 아들의 경험을 살려 학습 코칭도 해주었다. 이 소중한 학생들에게 이렇게 이야기했다.

"내가 너희들에게 관심을 가지고 잘해 주려는 것은, 선생님의 첫째 아들이 힘들어 할 때 다른 분께 너무나 감사한 도움을 받은 적이 있기 때문이야. 엄청 바쁘신 분인데, N수생 시절에 첫째를 자주 만나서 다독여 주시고 용기를 주시곤 하셨어.

아무런 대가도 없이 베풀어 주신 은혜에 감사함을 전하자, 그분은 앞으로 나의 도움이 필요한 다른 사람에게 갚으면 된다고 하셨어. 그래서 그 고마움을 대신 너희들에게 갚으려고 하는 거야."

내 이야기를 들은 학생이 말했다.

"선생님, 제가 공부를 다시 시작하기 전에 걱정이 참 많았는데 덕분에 힘들지 않게 잘 보낼 수 있었어요. 너무 감사합니다. 이 마음을 잊지 않을게요. 그리고 저도 이다음에 다른 사람들을 도울 위치가 되면 꼭 그렇게 하겠습니다!"

보람이라는 것이 이런 거구나, 나에게 기쁨을 갖게 해준 아이들에게 오히려 고마웠다. 그리고 몇몇 남학생은 이렇게 이야기했다.

"선생님 댁에 형이 둘 있으니, 그러면 저는 셋째 아들이네요.~"

N수생의 공부 팁

N수생의 공부법은 고등 때와 다르다

N수생의 공부법은 고등학교 때와는 많이 달라야 한다. 아이가 스스로 결정해야 하는 상황이 많기 때문에 더욱 신중해야 한다. N수 생활을 먼저 겪어본 부모로서 참고가 될 만한 몇 가지 팁을 공유해 보겠다.

공부방법

1. 재수종합(재종)학원은 학교와는 다른 곳이라는 것을 알고, 학원의 커리큘럼을 따르되 전적으로 의지하지는 말고 스스로 학습 관리를 해야 한다.
2. 학원에서 주는 콘텐츠는 다 풀지 않아도 된다. 양이 어마어마한데, 중복되는 것이나 꼭 필요치 않은 것도 많다. 선별해서 필요한 것만 학

습하는 지혜가 필요하다.

3. 더 좋은 강의를 듣기 위해서 주말에 단과 수업을 추가로 듣는 경우도 많은데, 굳이 그렇게 하지 않아도 된다. 많은 수업 시간보다는 제대로 하는 학습량이 더 중요하다.
4. 과도한 주간 계획을 세웠는데 실천하지 못한다면 오히려 더 힘들다. 적절한 분량을 계획하고 완수하지 못하면 주말을 이용해 보충하면 된다.
5. 인강은 분량이 많아서 다 듣기 힘들기 때문에 필요한 부분만 찾아서 보충하는 형태로 활용하는 것이 좋다. 재수종합학원에는 습관적으로 자습 시간 내내 인강을 듣는 친구들이 많은데, 내가 보는 관점에서는 너무 많은 시간을 의존하는 것은 우려스럽다.
6. 혼자 집중해서 학습할 수 있는 시간은 하루에 4~5시간 정도면 충분하다. 설마 그 정도면 되냐고 생각할지도 모르겠지만, 재수종합학원 주간반의 예를 들면 아침 수업 전에 1시간 정도와 수업 후 저녁에 3~4시간 정도의 의무 자습 시간이 있다. 그 시간만 집중해서 열심히 해도 공부량은 충분하다.

생활관리

1. 힘들 때는 조퇴해서 쉬는 것으로 컨디션 조절과 건강 관리에 만전을 기해야 한다. 책상 앞에 앉아 있는 것만이 능사는 아니다. 공부의 절

대적인 시간보다는 집중력 있게 공부의 질을 높이는 것이 중요하다.

2. 꾸준한 운동을 하는 것이 좋다. 학원을 마치고 집으로 오는 길에 잠깐 20분 정도 걷고 샤워하고, 다시 책상에 앉으면 혈액순환도 잘되어 좋다. 시간이 아까우면 줄넘기라도 짬짬이 하면 더 좋다. 주중에 할 시간이 없으면 주말을 이용해서라도 운동을 해야 한다.
3. 주말에 쉬는 타임을 정한다. 토요일과 일요일의 아침/오후/저녁 중 한 부분은 쉬어야 한다. 일요일 오전에 잠을 푹 자거나 토요일 저녁에 목욕 후 음악을 듣는 식으로 말이다. 수험생도 릴렉스 시간이 필요하기 때문이다. 가끔 영화를 보는 것도 좋다.
4. 하루 종일 햇빛을 제대로 보지 못하기 때문에 비타민 D와 피로회복을 도와주는 비타민 B 정도는 매일 별도로 섭취해 주는 것이 좋다.

원서 쓰기

1. 수능에서 받은 점수만큼이나 원서를 쓰는 것이 중요하다. 받은 점수를 잘 살려서 끝까지 포기하지 말고 틈새를 찾아야 한다. 그래야만 최선 혹은 차선의 기회를 잡을 수 있다.
2. 수시전형으로 지원한 학교와 내가 정시로 갈 수 있을 만한 학교를 잘 비교해야 한다. 그리고 수시전형을 최대한 활용해야 한다. 예상 밖의 좋은 성적을 낸 경우가 아니라면 여전히 수시 합격이 더 수월할 수 있기 때문이다.

N수생을 위한 컨디션 관리 음식

A. 졸음이 달아나는 간편한 아침 식사

에스프레소 찰떡

수험생의 졸음을 쫓을 수 있는 커피와 두뇌에 좋은 견과류를 넣는다. 씹으면 졸음이 깨고, 고소함이 입안 가득 퍼지며, 적게 먹어도 속이 든든해 식사 대용이 되기도 한다.

끓는 물에 찹쌀가루, 에스프레소 커피, 헤이즐넛 커피가루, 설탕, 소금, 우유, 아몬드, 호두, 피칸과 같은 견과류를 모두 넣어 믹스해서 오븐에 굽기만 하면 된다. 오븐이 없으면 가루를 체에 내리고 모두 믹스해서 설탕을 뿌린 후 찜통에 20분 동안 쪄도 된다. 만든 후에는

에스프레소 찰떡

굳히고 썰어 랩으로 포장해 냉장고에 보관해 두었다가 아이들이 학교나 학원에 갈 때 하나씩 꺼내주면 좋다.

고구마 아몬드 라테

고구마를 조각내어 구운 아몬드나 견과류 몇 알을 넣어 우유와 함께 갈면 고소하고 든든한 아침 식사가 완성된다.

B. 피곤을 날려주는 달달한 간식

대치동 학원은 빡빡한 수업과 테스트가 일상이다. 때로는 학교보다 학원 수업의 긴장감이 더 크다. 비슷한 실력을 가진 친구들과 한 반에서 실력을 가려야 하기 때문이다. 수업을 마치고 오면 긴장감이 한꺼번에 풀려 무척 피곤하다고 한다. 치즈를 무척이나 좋아하는 아이를 위해 치즈 케이크나 티라미수를 만들어 놓으면, 잠시라도 먹고 웃으며 피로를 풀어낼 수 있다.

바스크 치즈케이크

크림치즈, 생크림, 달걀, 설탕만 있으면 준비 끝이다. 여기에 바닐라 에센스까지 있으면 더할 나위 없이 좋다. 바닐라 에센스는 바닐라빈을 럼주에 넣고 숙성시켜 만드는데, 미리 만들어 놓으면 제과에 두루 요긴하게 쓸 수 있다.

우선 실온의 크림치즈를 믹서로 풀고 설탕과 달걀을 넣어 섞어준다. 여기에다 바닐라 에센스를 넉넉히 넣고 휘핑해 놓은 생크림도 섞는다. 끝으로 케이크 틀에 유산지를 깔고 오븐에 넣어 고온 상태에서 굽는다. 이러면 NO 밀가루, 홈메이드 치즈케이크가 완성된다.

티라미수

위에서부터 에그타르트, 피낭시에, 당근 케이크, 티라미수, 바스크 치즈케이크

티라미수는 오븐을 쓸 필요가 없으며 재료 또한 너무 간단하다. 일단 만들어 놓으면 고급스러운 단맛으로 모든 사람들의 하루 피로를 싹 날려준다.

우선 마스카포네 치즈와 연유를 믹스해서 크림을 만들어 놓는다. 다음으로는 커피 물에 적신 레디핑거를 티라미수 틀의 바닥에 깐다. 그 위에 미리 만들어 놓은 마스카포네와 연유 섞은 것을 넣어 마무리하고, 몇 시간 냉장고에서 숙성시킨다. 먹기 직전에 코코아 파우더를 뿌리면 완성된다.

C. 기분 전환을 위한 이탈리아 음식

트러플 파스타/빠네

빠네 파스타

조금은 비싸지만 트러플 오일을 구입해 놓으면 집에서도 이탈리안 레스토랑 음식이 부럽지 않은 요리를 할 수 있다. 트러플 소금과 소스도 있으니 미리 구입해 양식 요리에 사용하면 좋다.

프라이팬에 올리브 오일을 두르고 편으로 썬 마늘과 페퍼로니를 볶다가 삶아 놓은 파스타 면을 넣은 후, 면수와 트러플 오일을 조금씩 넣어 가면서 볶으면 트러플 오일 파스타가 완성된다. 부재료는 셰프 맘이다. 안심을 구워 올려도 좋고 해산물을 넣어도 좋다. 빠네 빵이 있으면 안을 둥글게 파내고 그 안에다 면을 넣어 빠네 파스타를 만들어도 된다.

카르보나라

때로는 양식이 아이들의 기분을 새롭게 할 수 있다. 카르보나라는 주재료인 생크림과 파스타만 있으면 가능한 요리다. 생크림은 꼭 100% 동물성을 써야 하고, 보조 재료로는 마늘과 베이컨, 소시지, 그리고 초록색 채소 등 무엇이든 가능하다.

나의 예쁜 N수 학생들을 위한 응원 간식

답답한 수험 생활에서 달달한 간식은 귀한 잠깐의 휴식과 같은 것이다. N수를 하는 아이들은 아침 7시 전에 나가서 밤 10시가 훌쩍 넘어야 집으로 돌아온다. 그러니 식사는 물론이고, 간식도 밖에서 챙겨 먹어야 한다.

내가 일했던 대치동 재수종합학원 아이들의 사물함에는 초콜릿, 사탕, 에너지바, 에너지 드링크, 그리고 각종 커피 등이 그것도 대용량으로 들어 있었다. 아이를 키운 입장에서 걱정이 많아져 있던 때에 한 학생이 "선생님, 너무 피곤하고 허기지는데 혹시 먹을 것 없을까요?"라고 물었다. 마침 가방 안에 있던, 내가 만든 쿠키를 꺼내 주었다. 너무도 맛있게 먹는 그 모습을 보고, 집에 있는 간식이라도 좀 챙겨 가져와야겠다는 생각이 들었다.

레몬 마들렌

출근 전에 냉장고를 열어보니 마침 레몬이 있었다. 얼른 다른 재료들까지 챙겨 레몬 마들렌을 만들기로 했다. 녹인 버터, 레몬 제스트, 레몬즙을 넣고 반죽한 후, 오븐에 구워 봉긋하게 올라온 마들렌을 식힌 후 레몬 글레이즈를 발랐다. 찾아오는 아이들에게 나누어 주었다.

레몬 마들렌

아이들은 "선생님, 세상에서 가장 맛있는 레몬 과자인 것 같아요. 새콤달콤한 맛과 향기에 기분이 좋아지고 정신도 번쩍 들어요."라며 인사를 몇 번이나 했다.

레몬은 비타민 C가 듬뿍 들어 있으니 수험생 간식으로 이만한 것이 없는 것 같다. 이후로도 시간이 날 때면 레몬 브라우니, 레몬 치즈바, 레몬 커드 컵케이크, 레몬 타르트 등도 만들어 나눠 주었다.

피칸 당근 케이크

당근은 세상의 모든 영양소를 다 가지고 있다고 한다. 특히 눈 건강에 좋은 비타민 A를 많이 가지고 있어 하루 종일 책을 보는 아이들에게는 꼭 필요한 채소이다. 피칸 당근 케이크는 이런 당근에 호두나 피칸, 건포도를 가득 넣어 만든 케이크이니 수험생에게는 너무 좋은 간식이다.

당근 케이크는 박력분과 아몬드 가루 듬뿍, 시나몬파우더, 베이킹소다, 베이킹파우더, 설탕, 카놀라유, 소금, 달걀, 견과류, 베리, 당근을 재료로 써서 만든다.

우선 가루 종류를 체에 쳐서 둔다. 그리고 믹싱볼에 달걀과 설탕, 소금을 넣고 섞어준다. 믹싱볼에 체를 쳐둔 가루와 실온의 카놀라유, 견과류, 베리까지 넣은 후 반죽한다. 그리고 오븐에 굽기만 하면 당근 케이크가 완성된다. 카놀라유를 넣어 케이크는 부드럽지만, 견과류와 베리가 고소하게 씹히기까지 하니 든든하고 달달한 간식이 된다.

B. 수능 선물

다쿠아즈

먼저 볼에 달걀흰자를 넣고 설탕을 조금씩 넣어가며 핸드믹서로 믹스해서 달걀 거품을 만든다. 여기에 체에 친 아몬드 가루, 슈가 파우더, 박력분을 반죽한 다음 짤주머니에 넣어서 짠다. 모양을 만들고 슈가 파우더를 위에 다시 뿌린 후 오븐에 넣어 굽고 식힌다. 그다음에 크림치즈를 다쿠아즈 쿠키 사이에 필링하고 샌드하면 완성된다.

플라워 다쿠아즈

원래 다쿠아즈는 우리 애들이 힘들어할 때 기분을 달래주기 위한 간식이었다. 곧 수능을 보게 될 학생들에게도 우리 애들에게 주었던 따뜻한 기운이 전해지기를 바라는 마음으로 만들어 주었다. 정성이 듬뿍 들어갔으니, 최고의 명품 수능 선물로 기억되었으면 했다. 예쁜 케이스에 담긴 선물을 받은 학생과 부모님들께서 직접 감사의 인사를 전해왔다. 사실 베풀 수 있는 대상이 있어 내가 더 행복했다.

[커피와 디저트]

대치동 돌아보기

커피와 디저트는 절묘하게 식사의 마무리를 깔끔하게 정리해 준다. 그 동안은 셰프가 내놓는 음식 속도에 끌려가듯 먹었지만, 이 시간은 고스란히 우리의 것이 된다. 더 나올 음식이 없으니 서두를 필요도 없다.

이미 음식에 대한 평은 식사 중에 충분히 했고, 그 이외의 이야기들이 테이블에 오른다. 어떻게 이곳을 찾게 되었는지, 식당의 실제 분위기는 사전에 조사한 것과 어떻게 다른지, 잘 왔다고 생각하거나 괜히 비싼 식사를 한 것 같아 후회하거나, 누구에게 소개하면 참 좋아하겠다 같은 것 말이다.

대치동이란 파인 다이닝을 제대로 경험한 우리 가족, 어느새 그 여정을 뒤돌아볼 수 있는 마무리 시간이 왔다. 치열했던 것만큼 할 이야기가 많아야 하는데, 이 순간의 나는 오히려 담담했다.

돌이켜보니 우리 가족은 비록 처음에는 서툴렀지만, 메인 요리를 먹을 때가 되자 식사의 흐름을 주도할 줄 알았던 것 같다. 우리는 이 식당에 잘 어울리는 제법 괜찮은 손님이었다.

'라떼' 이야기는 하지 마세요

대치동 부모들의 학벌은 대부분 대한민국 상위 1% 내에 든다고 한다. 이 부모들 중 많은 사람들이 "우리 애가 저희만큼만 되면 좋겠어요."라고 한다고 한다. 참 신기한 동네다. 부모보다 나은 자식이 아닌, 나와 같은 수준으로 자라 달라고 하니 말이다.

그런데 실제 대치동에서는 부모와 비슷한 혹은 더 높은 수준의 학교에 진학하는 학생의 비율이 25% 정도밖에 되지 않는다고 한다.

공부머리 유전자를 가지고 태어났어도 대치동의 체계화된 교육 시스템을 어떻게 활용하는지, 부모와의 관계가 어떤지, 아이가 노력을 얼마나 하는지에 따라서 그 결과가 달라질 수 있다는 이야기이다. 그래서 우리집 같은 평범한 부모와 아이들도 노력하면 충분히 따라잡을 수 있는 곳이 바로 대치동이기도 하다.

대치동에는 다양한 형태의 가족이 존재한다. 처음부터 이곳에서 나서 자란 사람들, 자녀교육을 위해 일찌감치 이사를 온 가족들, 엄마와 아이들은 이 동네에 있지만 아빠는 다른 지역에서 생업을 하는 한국형 기러기 가족들, 학원을 다니기 위해 방학 때마다 나타나는 단기 숙박형 가족들까지.

그런데 이들에게는 하나의 공통점이 있다. 내 아이가 상위 1% 수준의 학력에 도달할 수 있을 거라는 기대감이 바로 그것이다. 그래서 이 동네에는 열정 아빠들도 많다. 학원 설명회 혹은 상담 창구에 가보면 부부가 같이 오는 경우가 드물지 않고, 때로는 아빠 혼자 오는 경우도 적지 않게 볼 수 있다. 아빠들이 자녀 공부에 이렇게 많은 관심을 가지고 지원하는 곳이 여기 말고 또 있을까 싶다.

그리고 이 동네에는 이런 말이 있다. “제발 학력고사 세대인 부모님들은 ‘라떼’ 이야기를 하지 마세요. 지금의 아이들은 그보다 훨씬 똑똑한 아이들과 더 치열한 경쟁을 하고 있으니까 말이에요." 우리는 학력고사 세대니까 암기를 잘하면 되었지만 수능 시험은 굉장히 복합적이다. 그래서 생각보다 많은 노력과 꾸준한 공부가 필요한데, 부모가 본인의 방식으로 공부를 강요하면 안 된다는 것이다.

사실 대치동 아이들에게는 사회적으로 성공했거나 똑똑한 부모님이 부담되기도 한다. 부모님이 정답을 알고 있다고 생각하고 이렇게 가면 된다는 식으로 생각하는 경우가 있기 때문이다.

특히 학창 시절에 굉장히 공부를 잘한 부모님들은 공부를 어떻게 해야 잘하는지도 알고 있는 경우가 많은데, 의외로 오히려 아이들이 거기에 대해서 굉장히 좌절하는 경우가 있다. "나는 아빠처럼 못하는가 봐요.", "나는 엄마처럼 될 수가 없어요."라며 하소연하는 아이들이 있다.

부모님이 원하는 그림을 그려놓고 아이를 너무 몰아붙이면 멀어지게 되는 것 같다. 부모님이 기대하는 자녀의 모습이 있다면, 그 기대에 도달하려는 아이의 치열한 노력도 있다는 것을 이해해 주셔야 할 것 같다. 부모님이 자녀 대신 성적 목표를 세우고 이끌어가려고 하지 말고, 아이를 믿어주고 격려하면서 도와주는 것이 좋을 것 같다.

공부도 팀 게임, 대치동 부모의 일상

대치동 아이들은 각자 스케줄에 너무 바쁘다. PC방을 가더라도 다음 공부를 위해 가방을 메고 간다. 빈손으로 돌아다니는 아이들을 보는 게 오히려 어색한 참 희한한 동네다.

이렇게 바쁜 아이들을 위해, 많은 아빠들이 사회적 지위 고하를 막론하고 밤 10시 즈음에는 학원 수업을 마친 아이들을 데리러 가는 기사로 변한다. 집으로 오는 10~20분 짧은 시간이라도 잠깐의 휴식을 주고 싶어하는 마음이다. 아이들 간식을 사서 기다렸다가 학원 시간에 맞춰 전해주는 아빠의 모습을 보는 것도 흔한 일이다.

이뿐만 아니라 새벽에 모자를 눌러쓰고 졸린 눈을 비비며 학원 자리를 잡아주는 부모도 많다. 극성스러워 보일 수도 있겠지만, 이게 이 동네 부모들의 자식을 사랑하는 방식이다. 공부를 하라고 다그치는 부모보다 잘 버텨내 목표를 이루는 데 도움이 되려고 아낌없이 지원하는 사람이 절대적으로 많기도 하다.

시험 기간에는 동네 전체가 조용하다. 몇 주 동안이지만, 대치동에 사는 사람들만 아는 그런 분위기가 있다. 어머니들은 아이들의 식사와 간식을 구입하기 위해 반찬가게와 백화점 식품 코너 정도만 나왔다가 집으로 간다. 활동도 줄이고 모임은 거의 잡지 않는다. 심지어 스포츠센터도 오지 않고 집에서 아이들과 함께한다. 아이들이 최선의 컨디션을 유지할 수 있도록 돌본다.

공부는 아이들이 하는 거라고? 아니다. 가족 모두 하나가 되어 합심 노력하는 팀 경기를 펼치는 곳이 바로 대치동이다.

대치동 이모저모

대치동을 생각해 보면 가장 많은 곳으로 학원, 편의점, 안경점, 미용실, 스터디카페 등이 떠오른다. 무엇보다 특징적인 것은 공공 도서관이 많다는 것이다. 집 바로 옆에 작은 도서관이 있어서 마음만 먹으면 책도 볼 수 있고 공부도 할 수 있다. 확실히 교육적인 환경이 좋은 곳이라는 것은 부인할 수 없다. 공부를 하고자 하면 얼마든지 원하는 것을 얻을 수 있는 곳이다. 분위기에 쉽게 좌우되는 아이들이라면 더욱 권할 만하다.

비록 원하는 성적이 나오지 않는다고 할지라도 공부환경에 노출되어 있기 때문에 노는 아이들은 조용히 알아서 논다. 하지만 그들 역시 마음 편하게 놀지는 못한다. 공부를 잘하는 아이들을 본받으려 하고(이 안에서 부모의 경제력과 지위 고하는 비교의 대상이 되지 않는다), 그들을 따라가려고 다들 노력한다(무리 속에서 다들 공부하니까 같이 하면 힘든 것을 잘 모르고 덜 느낀다).

대치동은 정보의 전파 속도만큼 소문도 빠르다. 우스갯소리지만, "대치동은 프랜차이즈 음식점도 맛이 없다."고 할 만큼 맛집이 거의 없다. 식사를 해야만 하는 수요가 항상 있고 임대료가 높으니 맛이 별로 없어도 꾸준히 매출이 있기 때문이라고 한다. 그런데 어느 집이 맛있다는 소문이 나면 그다음부터는 그 집 음식을 구경하기가 힘들어지기도 한다. 엄마들이 음식 만드는 시간도 최소화하고 아이들을 보살피는 것에 더 마음을 쓰기 때문이다.

밤 10시 전후로 가면 교통정체로 차들이 최소한 30분은 빠져나올 수가 없다. 잠실, 서초, 분당 등 인근에서 아이들을 데리러 온 부모님들로 도로가 꽉 막힌다. 이것이 지긋지긋해서 다른 곳으로 이사를 가셨던 분들 중에 다시 이사를 오시는 분들도 있다. 왜냐하면 밤늦게 다녀도 안전한 동네이기 때문이라고 한다. 24시간 스터디카페, 독서실 등 늦은 밤이나 새벽까지 공부하는 아이들과 라이드를 하는 부모님들로 인적이 드물지 않기 때문이라고 한다.

현명한 교육비 투자, 필요하고 효과 있는 곳에 써야 했다

"애들 학원비는 얼마나 들었나요?"

TV 드라마가 대치동의 실상을 과장해서 보여주는 바람에 다른 지역에 사는 친척 혹은 지인들로부터 많이 받는 질문이다.

사실 대치동에서 교육비는 천차만별이다. 개별 수업의 학원비는 다른 지역에 비해 조금 높은 것이 사실이지만, 지출 총액은 어디까지나 자신의 선택에 달려 있다.

이 동네는 사교육의 범위가 넓기 때문에 찾으려고 노력만 한다면, 교과나 비교과 거의 모든 분야에서 도움을 받을 수 있다. 그러니 많은 학원을 보내는 사람이 더 많은 교육비를 쓰는 시스템이다. 할아버지의 재력으로 걱정 없이 사교육을 시키는 사람도 있지만, 대출을 받아서 시키는 사람도 있다. "필요할 때 아낌없이 교육비를 지원하는 것이다."라고 믿는 분들이다.

물론 나도 일부는 동감하지만, 어디까지나 비용은 각자의 경제 상황에 맞게 효과적으로 써야 한다고 생각한다.

대치동 내에서도 빈부의 격차가 심하다. 조부모나 부모의 경제력이 좋은 경우도 있지만, 그렇지 않더라도 자녀를 잘 키워 보려고 대치동으로 입성한 경우도 많다. 그래서 실제로 살아보면 대치동의 물가는 비싼 곳들도 있지만 저렴하게 이용할 수 있는 곳도 상당히 많이 공존한다.

사교육비 지출 범위와 규모는 천차만별이지만, 남을 부러워하거나 비교하지 않으며 휩쓸리지 않고 중심을 잡아가며 지출하려고 부단히 노력해야 한다. 시선을 밖으로 돌리지 말고, '내 아이만을 바라보는 것'만이 중심을 잡는 가장 좋은 방법이었던 것 같다.

공부는 단순히 투자한 만큼의 기대수익을 올릴 수 있는 게임이 아니다. 학생 개인의 노력과 효과적 시간 활용이라는 변수가 항상 더 붙어 있다. 이 변수들이 시너지를 낼 수 있도록 적재적소에 현명하게 투자해야 한다.

공부는 생각보다 장거리 경주이기 때문에, 가정의 경제 사정과 자녀의 공부를 하겠다는 의지의 수준을 정확히 파악한 후 꼭 필요한 곳에 맞게 지출을 하는 지혜가 필요한 것 같다.

교육비 지출의 당사자인 부모님이 중심을 잘 잡아야 한다. 이리저리 끌려다니다 보면 시간과 돈만 허비하고 효과를 얻지 못하는 경우도 많기 때문이다.

학원은 원하는 목표를 이루려고 도움을 받는 곳이기 때문에 그 역할을 잘하고 있는지 수시로 점검해야 한다. 아이들이 어느 학원을 가든지, 초기에는 새로운 환경에 적응하느라 어려움을 겪기도 한다. 부모는 이 어려움이 적응하는 과정에서 발생한 것인지, 아니면 학원의 수업방식이 아이와 전혀 맞지 않아서 생긴 것인지 잘 파악해야 한다. 전자의 경우에는 아이를 잘 다독거려 적응하게끔 도와주는 역할을 해주어야 할 것이다. 후자의 경우에는 다른 대안을 내놓고 더 나은 방안을 제시해야 한다.

당장 결과가 보이지 않아 답답하더라도 기다려 주는 인내심이 필요하다. 하나씩 실력이 쌓여가고 있다고 믿으며 기다려 주는 마음가짐 말이다. 교육의 성과는 사람에 따라 다른 시기에 다른 모습으로 나타나기 때문이다.

대학생이 된 아들에게

A. 기숙사 공수용 식단

둘째는 대학에 입학한 후 예과에 이어 본과에서도 줄곧 의대 전용 기숙사에서 생활을 하고 있다. 특히 본과는 수업과 시험이 너무 많아 주말까지 신촌 기숙사에서 보내는 경우가 많았다.

둘째가 집에 오지 못하는 주말에는 아들 얼굴도 볼 겸 두 손 가득 음식을 싸서 기숙사로 가져갔다. 이를 지켜보던 첫째가 '기숙사 공수용 식단'이라고 이름까지 지어 주었다. 음식을 준비하는 동안 내 마음은 온통 둘째가 메뉴를 고민하지 않고 몇 끼라도 편하게 먹을 수 있기를 바라곤 한다.

나의 기숙사 공수용 식단은 매우 다양하다. 우선, 버섯 및 채소와 함께 조리한 고기류 반찬과 잘 지은 밥을 넣은 두 개의 도시락을 만든다. 그리고 내가 만든 빵과 샌드위치로 각각 한 개씩 두 개의 도시락을 더 만들고, 과일로도 한 팩을 채운다. 국이나 수프를 용기에 넣고, 밥에 비벼먹을 수 있도록 짜장이나 카레 같은 것도 만들어 넣어준다.

둘째를 위한 기숙사 공수용 도시락

식사 이후에 먹을 수 있는 음료수로는 수삼주스, 과일주스, 레모네이드, 포도주스 등을 챙겨준다. 그리고 디저트로는 미리 만들어 놓은 쿠키나 티라미수도 빼먹지 않고 가져간다. 사실 나의 기숙사 공수용 도시락에는 딱히 정해진 메뉴가 없다. 아이가 평소에 좋아하는 걸 빠트리지 않고 이것저것 다 넣어가기 때문이다.

둘째는 음식을 다 먹은 후 너무 맛있게 잘 먹었다며 고맙다는 문자로 마음을 전한다. 가장 듣고 싶은, 나를 행복하게 만드는 칭찬이다. 가끔은 왜 사서 그 고생을 하느냐고 말하는 사람도 있지만, 전혀 모르고 하는 소리다. 음식이야말로 내게는 가족들에 대한 사랑의 표현이다.

B. 아들 요리 강습

아들이 방학 때 가장 하기를 원하는 것 중 하나는 '엄마로부터 요리 배우기'이다. 요즘은 요리 잘하는 남자가 매력도 있기 때문이란다.

우리 아이들은 음식 트렌드에 민감하고 맛집을 찾아가는 것을 좋아한다. 하지만 비싼 비용을 지불해야 하는 곳을 늘 갈 수는 없다. 그래서 내가 한번 가본 맛집의 레시피를 먼저 익힌 후 가르쳐 주었다. 아이들에게 방학 동안 가르쳐 준 요리는 다양하다. 큐가츠와 텐동, 미소된장, 에그슬럿, 스팸 간단 김밥, 멘보샤, 오므라이스, 연어 초밥, 살치살 초밥, 연어 스테이크, 불고기 덮밥, 버섯 트러플 파스타, 와인 삼겹살 찜 등.

멘보샤

아들 요리 강습, 멘보샤

미리 새우를 잘게 다지고 냉동 식빵은 얇게 슬라이스를 해서 가장자리를 제거한 후 4등분을 해서 둔다. 다진 새우에 소금, 후추 간을 하고 달걀흰자, 전분, 그리고 올리브유를 넣어서 반죽한 후 한 스푼씩 떠서 식빵 사이에 샌드를 한다. 낮은 온도에서 서서히 튀기다가 거의 다 익으면 튀김 기름의 온도를 올려서 머금은 기름을 빼낸다.

찍어 먹는 소스는 마늘 다진 것과 굴소스, 케첩, 설탕, 식초를 기호에 맞게 배합해 만든다.

에그슬럿

아들 요리 강습, 에그슬럿

LA에 여행 갔을 때 줄을 서서 사 먹었던 스크램블드 에그와 소스를 넣어 만드는 추억의 빵이다.

프라이팬에 넣은 달걀 3개를 차가운 버터 한 조각을 함께 녹여가면서 스크램블드를 하다가 소금과 차이브를 넣고 불을 끈다. 빵에 마요네즈와 스리라차 소스를 섞어 바르고, 그 위에 스크램블드 에그와 캐러멜화한 양파를 순서대로 올린다. 미리 녹여둔 치즈까지 올리고, 마지막으로 빵 뚜껑을 덮으면 요리가 완성된다.

참고로 캐러멜화한 양파는 양파를 썰어서 팬에다가 캐러멜화가 될 정도로 오래 볶아서 식혀둔 것을 말한다. 혹시 감자를 삶아서 으깨 놓은 것이 있다면, 유리병에 달걀과 함께 넣고 찜통에 쪄서 포테이토 슬럿을 만들어 먹어도 좋다.

자녀교육은 요리 과정과 닮아 있다

어릴 적부터 요리, 특히 빵과 과자에 관심이 많았던 나는 첫째의 태교로 손가락을 많이 움직일 수 있는 제과와 제빵 자격증에 도전했다. 자격증도 받았지만, 아이들에게 언제든지 수제 쿠키와 빵을 만들어 줄 수 있다는 것이 더 만족스러웠다. 간식을 만드는 데는 시간과 정성이 많이 들어가지만, 확실히 집안의 분위기와 대화 내용이 달라진다. 그래서 충분히 가치가 있는 노력이다.

이후에는 욕심을 조금 더 내어 더 수준 높은 도전을 하기로 했다. 케이크 데커레이션 강사 자격증을 취득하고 직접 만든 캐릭터(웨딩, 자동차, 인어공주 등) 케이크를 지인들에게 선물했다. 제과, 제빵과 전통떡을 접목시켜 보고자 간 ㅇㅇ전통음식연구소에서는 떡은 물론이고 한과, 전통음식, 궁중요리, 전통차, 전통주, 폐백, 이바지 음식도 배우고 전통혼례음식 1급 지도사와 전통병과 1급 지도사 자격증도 받았다.

아이들이 모두 대학에 입학한 이후에도 도전을 이어갔다. 우선 바리스타 자격시험에 도전해 합격했다. 그리고 한식, 중식, 일식, 양식 등 네 개 조리사 자격시험에 도전해 단 3개월 안에 모두 합격했다.

요리는 내 삶의 가장 큰 부분 중 하나다. 가족들에게 다양하고 맛있는 음식을 만들어 줄 때가 가장 행복하다. 냉장고에 있는 그저 그런 재료를 가지고도 근사한 일품요리를 만들어 줄 때면 더욱 그렇다. 그래서 우리 아이들이 살다가 힘든 일을 마주할 때, 내가 만들어 준 요리를 먹거나 추억하면서 다시 힘을 얻어 잘 헤쳐나가게 해달라는 바람을 가지게 되었다.

앞에서도 말했듯이, **자녀를 키우는 과정은 요리를 하는 과정과 아주 많이 닮아 있는 것 같다.** 같은 재료를 쓰더라도 요리 방법과 조리 시간 혹은 불의 사용에 따라서 음식맛이 많이 달라지듯, 아이들 또한 각자 타고난 기질과 장점이 다르고 성과가 나타나는 속도와 시기도 다르니, 같은 방식으로 키울 수는 없는 것 같다.

그저 아이를 객관적으로 보려고 노력하고, 매 순간마다 각각에 맞는 교육과 육아방법을 찾기 위해 끊임없이 애쓰는 수밖에 없는 것 같다. 그리고 **부모는 자식을 믿고 무조건 기다려 주어야 한다. 시간이 길어지더라도 아이들은 항상 스스로 그 답을 찾아 부모의 기대에 부응하기 때문이다.**

비행기는 평소 기기를 정밀하게 점검하고, 운항 방법을 철저하게 계획한 후 활주로를 선회한 다음 최대 출력을 만들어 이륙한다고 한다. 우리 가족은 그 모든 준비 단계를 힘차게 잘 밟아왔고, 이제 이륙을 한 것 같다.

지금 우리 두 아이는 날아가고 있는 자신의 비행기를 직접 조종하고 있다. 긴 여정이 되겠지만 더 멋진 곳을 향하고 있을 거라 기대가 크다. 이제껏 내가 해왔던 멘토 역할과 남편의 구원 투수 역할의 무게는 시간이 갈수록 점점 적어지겠지만, 우리는 새로운 게임에 어울리는 팀플레이를 다시 멋지게 잘해낼 것을 믿는다. 그래서 나의 첫 책은 항상 '다음의 멋진 그리고(AND)'를 준비하는 우리의 예쁜 이야기로 보이면 좋겠다고 생각했다.

지금 나는 나의 새로운 여정을 만들어가고 있다. 온전히 나에게만 쏟아부을 수 있는 시간이 많아졌기에 가슴이 두근거린다. 어떤 것을 해야 더 큰 보람과 가치를 만들 수 있을지는 아직 잘 모르겠다.

하지만 지금부터 나의 시간은 세상으로 향할 것이다. 이 책을 쓰는 것도, 요리를 계속 연구하는 것도, 병원 일을 하나씩 배워 나가는 것도 그러한 내 인생, 새 챕터의 소중한 일부가 될 것이라 믿는다. 치열했던 나의 과거와 도전하는 현재는 언제나 나의 멋진 미래 모습에 닿아 있을 것이다.

끝으로 독자분들께 아래와 같은 당부의 말씀을 드리고 싶다.

"이 책의 모든 내용을 세밀하게 분석하듯 보시지 말고, 대치동을 중심으로 재미있는 이야기를 만든 한 가족의 길지만 소소한 여정을 살짝 들여다보는 수준으로 봐주시면 좋겠습니다.

에세이처럼 편하게 읽으시다가, 혹시라도 이 이야기 속에서 조금이나마 도움이 될 만한 몇 가지를 찾아 활용해 본다면, 작가로서 더없이 행복하고 감사할 것 같습니다."

깜비네 엄마 드림